Ulrich Schütz

Phil Bosmans
Der Weg des Herzens

Ulrich Schütz

Phil Bosmans
Der Weg des Herzens

Mit Fotografien von Roland Höpker

Inhalt

Phil Bosmans und der Weg des Herzens 6

Man lebt nur mit dem Herzen gut 20

Auf leisen Füßen kommt das Glück 38

Füreinander Sonne sein 56

Wir sind gemacht für die Freude 72

Heute leb ich, heute hab ich Zeit 90

Himmel ist, wo du zu Hause bist 106

Ich lebe liebend gern 122

Danke für alles, wofür ich keine Worte habe 140

Liebe ist wie das Wasser: lebensnotwendig 160

Das Licht und die Liebe machen jedes Dunkel hell   180

Liebe findet immer einen Weg   198

Ein Stern genügt, um an das Licht zu glauben   216

Finde die Freude im Garten des Lebens   232

Hoffnung hat viele Quellen. Eine bis du!   248

Phil Bosmans und der Bund ohne Namen   262

Ausgewählte Bücher von Phil Bosmans   276

Autor und Fotograf   279

Phil Bosmans
und der Weg des Herzens

Phil Bosmans
und der Weg des Herzens

Phil Bosmans (1922–2012), Ordenspriester, Initiator zahlreicher sozialer Projekte, Buchautor, Lebenskünstler, Kobold, Menschenfreund: Viele tausend Menschen sind ihm persönlich begegnet und wurden durch seine ausstrahlende Glaubwürdigkeit und sein humorvoll gewinnendes Wesen mit Lebensmut und Lebensfreude angesteckt. Durch seine Bücher erreichte seine »Botschaft des Herzens« in zahlreichen Ausgaben weltweit Millionen von Leserinnen und Lesern. Der Initiative von Phil Bosmans sind zahlreiche soziale Aktionen und Einrichtungen in Belgien und weit darüber hinaus zu verdanken. Von seiner Inspiration lebt der »Bund ohne Namen«, die Bewegung für ein Leben mit mehr Herz.

»Es gibt nur einen Weg zum Mitmenschen, den Weg des Herzens.« In immer neuen Variationen hat Phil Bosmans seine Botschaft des Herzens entfaltet. Immer ging es ihm es um eine neue Kultur, wo man nicht länger an Geld, Macht und Besitz glaubt. Der Mensch ist nicht zum Produzieren und Konsumieren da, sondern um glücklich zu sein und um andere glücklich zu machen. Aber: »Glück kann man nicht kaufen, Liebe gibt es nur umsonst«. Aus der tiefen Erfahrung der Liebe schöpfte Phil Bosmans seine ansteckende Freude. Mit seinen Vitaminen für das Herz hat er unzählige Menschen getröstet, ermutigt und begeistert.

In diesem Buch möchte ich versuchen, die Botschaft von Phil Bosmans für unsere Zeit von verschiedenen Seiten aus zu entfalten und für sie zu werben!

IM EINSATZ FÜR DIE MENSCHEN

1958 begann Phil Bosmans mit Fünf-Minuten-Ansprachen im Rundfunk, seit diesem Jahr veröffentlichte er auch kurze Texte auf Karten (sogenannte »Hebelkarten«). Seine kurzen Botschaften wuchsen aus seinem Einsatz für die Menschen. 1959 richtete er die Arbeitsstätte »Werkhuis M.I.N. – Menschen in Not« ein, die erste Sozialwerkstätte in Belgien für ehemalige Gefangene und Männer ohne Arbeitslosenunterstützung. Durch Eingaben an Politiker und Broschüren zu aktuellen sozialen Problemen weckte er Aufmerksamkeit für die Not von Mitmenschen. 1966 eröffnete er das erste Frauenhaus in Antwerpen für Opfer häuslicher Gewalt. Im Jahr darauf gründete er den »Reparaturdienst M.I.N.«, einen Gratisdienst für alte, kranke und behinderte Menschen, und 1973 das »Hotel M.I.N.«, eine Wohnmöglichkeit für straffällig gewordene und obdachlose Männer. Im Jahr darauf richtete er für Roma in der Nähe von Antwerpen, zunächst illegal, einen festen Standplatz ein, im gleichen Jahr ein großes Haus für Migrantenfamilien in Brüssel. 1983 kaufte Phil Bosmans einen alten Bauernhof in der Nähe von Brügge mit dem Ziel, daraus eine Art therapeutischen Bio-Hof zu entwickeln. Im gleichen Jahr unterstützte er Protestaktionen gegen den Rüstungswettlauf und gegen alle atomaren Waffen in Ost und West. In Antwerpen öffnete 1990 »De Stobbe« (Der Wurzelstock) die Türen, die letzte der großen sozialen Initiativen von Phil Bosmans. Das ehemalige Klostergebäude wurde zu einem Auffangzentrum für Frauen mit mehreren Kindern umgebaut.

VITAMINE FÜRS HERZ

1961 hatte Phil Bosmans einen telefonischen Ansagedienst geschaltet: »Vitamine fürs Herz«. 1972 erschien sein erstes Buch »Menslief, ik hou van je« (Menschenskind, ich hab dich gern), die deutsche Ausgabe wird 1976 unter dem Titel »Vergiss die Freude nicht« veröffentlicht. Das Buch wird ein internationaler Bestseller, in 28 Sprachen übersetzt. In den folgenden Jahren erschienen weitere Bücher, darunter 1988 das sehr persönliche Buch über seinen Glauben: »God, niet te geloven« (Gott – nicht zu glauben, auf Deutsch auch unter den Titeln »Gott - meine Oase« und »Kleines Buch vom guten Gott« erschienen).

Worum geht es Phil Bosmans? Er nennt es die »Kultur des Herzens«. Warum Kultur des Herzens? Es geht dabei nicht um seine Person und schon gar nicht um Personenkult. »Ich bin nur ein kleiner Kobold«, heißt es in seinem »Buch Liebe wirkt täglich Wunder«, »mit einem kleinen Saatkorn in der Hand, um es in dein Herz zu legen, so wie ein Bauer an das Saatkorn glaubt, das er in gutes Erdreich sät. Es kommt Regen, und es kommt Sonne. Es kommt Unwetter, und es kommt Sturm. Das Saatkorn wird nie die Ähre sehen. Aber ich glaube an den Unsichtbaren, der aus einem Korn tausend Körner macht. – Das Saatkorn, der ewige Verlierer. Aber wenn das Korn blüht, jauchzt die ganze Erde.«

Was ist dieses kleine Saatkorn, um das es Phil Bosmans geht? Es ist die Botschaft vom Herzen. Die Botschaft des Herzens ist nichts anderes als die Botschaft der Liebe. Phil Bosmans hat die alten Worte wie Herz und Liebe, Hilfe, Frieden, Freude so mit neuem Klang und neuem Leben erfüllt, dass viele Menschen darin ihr eigenes Leben wiedergefunden haben, die verschüttete Schönheit ihres Lebens, Freude an ihrem Leben, woran sie vielleicht schon lange nicht mehr gedacht hatten, neuen Mut zu ihrem Leben, den sie vielleicht schon längst verloren hatten. Denn es ist ja keineswegs so, dass Menschen heute so überaus und restlos glücklich wären. Ganz im Gegenteil. In jedem Menschenleben gibt es Probleme, gibt es Ängste, gibt es Leid. Manches kann man sich erklären, aber vieles bleibt für uns unerklärlich und umso bedrückender.

Persönlich kennengelernt habe ich Phil Bosmans erst, nachdem 1976 die deutsche Ausgabe seines ersten Buches (»Vergiss die Freude nicht«) erschienen war. Ich hatte für den

Verlag die Übersetzung der Texte von Phil Bosmans ins Deutsche zu besorgen – und diese Aufgabe blieb mir bis zu seinem Tod. 1977 habe ich ihn im Büro des belgischen »Bund ohne Namen« *(Bond zonder Naam)* in Antwerpen aufgesucht. Dabei ging es natürlich um neue Bücher von ihm, nachdem das erste von ihm völlig überraschend auch auf Deutsch ein sensationeller Erfolg geworden war. Er reagierte auf mein Werben um ein neues Manuskript sehr zurückhaltend. Dass womöglich jedes Jahr ein neues Buch von ihm erscheinen sollte, das gefiel ihm nicht: »Zu viel Bosmans!«, hat er mir öfter gesagt, »dafür habe ich keine Zeit«.

Aber wenn ich ihn anrief, ob ich ihn besuchen könnte, hat er nie abgelehnt. Meist hatte er schon am Abend des vorgesehenen Tages einen Vortrag, eine Einladung, eine Verpflichtung irgendwo in Belgien: »Das macht nichts, kommen Sie einfach mit.« So nahm er mich zum Beispiel mit nach Ypern. Das liegt in Westflandern, dunkel war mir in Erinnerung, dass hier 1914 eine der mörderischsten Schlachten des Ersten Weltkriegs stattgefunden hatte. Am Ortseingang hielt er mit seinem Auto an, er bräuchte ein Viertelstündchen Ruhe. Dann fuhr er nicht zur Kirche, wie ich wohl erwartet hätte, sondern zu einer Turnhalle, die voller Menschen war. Er sprach vielleicht eine knappe Stunde, völlig frei, immer in unmittelbarem Kontakt zu den Menschen, die an seinen Lippen hingen, über manche humorvolle Bemerkung lachten, und sich hinterher um ihn drängten, um ein paar Worte mit ihm zu wechseln und ein Autogramm von ihm zu bekommen. Wenn ich ihn für ein oder zwei Tage besuchte, hatte ich das große Glück, bei ihm im Kloster der Montfortaner, zu denen er als Ordenspriester gehörte, sein zu dürfen. Und ich habe mich dort immer sehr wohlgefühlt, weil alles so einfach war, als ob die Zeit still gestanden wäre.

IN DER FINSTERSTEN NACHT: DIE SCHÖNSTEN STERNE

1994 war in Münster eine Großveranstaltung mit Phil Bosmans in der Westfalenhalle vorbereitet, die Plakate waren schon gedruckt. Der Vortrag von Phil Bosmans sollte heißen: »Der Weg aus der Krise«. Kurz davor kam Phil Bosmans selbst in eine schwere gesundheitliche Krise: ein Schlaganfall mit bleibender rechtsseitiger Lähmung. Die Veranstaltung musste abgesagt werden. Zwei Jahre später fand sie dann doch noch statt. Was hat er damals gesagt? »Alle reden von Krise. Ich möchte die Krise relativieren und entdramatisieren. Es herrscht eine große Traurigkeit in unserer Welt. Menschen leiden an der Unfähigkeit, in Frieden miteinander zu leben und ein bisschen glücklich zu sein. So viele Menschen sind müde und mutlos. Krise – das Wort hat viele Bedeutungen, aber meistens wird es mit Unglück und Katastrophen verbunden. Täglich werden die Menschen durch die Medien mit dem Wort ›Krise‹ überschwemmt. Sie bekommen die Angst vor morgen eingespritzt. Dabei ist die Krise, über die man täglich spricht, nur eine Oberflächenerscheinung. Die eigentliche

Krise ist wie Krebs. Er sitzt – verborgen – viel tiefer. Aus jeder Krise kann etwas Neues geboren werden. Die Krise kann ein Segen sein. Die Krise muss uns befreien aus der Zwangsjacke eines rein materialistischen Denkens und Lebens. Die Krise ist ein Wachstumsprozess, um mehr Mensch zu werden, ein schmerzhafter, aber heilsamer Vorgang. Die Krise kann uns lehren, wie wir als Mensch mit weniger doch weiterkommen. Und wir kommen viel weiter, wenn wir auch einmal sagen: ›Ich brauche nicht mehr, ich habe genug.‹«

Wer diese Sätze oder einen anderen Text von Phil Bosmans liest, sollte wissen, was für schwere Lebenserfahrungen dahinterstehen. Mit zweiunddreißig Jahren erlitt er einen gesundheitlichen Zusammenbruch und musste drei Jahre lang schwer krank im Bett bleiben und das Haus hüten. In dieser Zeit wurde er von *Leontine Franck*, Pfarrhaushälterin und Krankenschwester, gepflegt und – entgegen allen Erwartungen der Ärzte – wieder gesund! Etwa vierzig Jahres später begleitete Phil Bosmans acht Monate lang Leontine, die unheilbar an einem Hirntumor erkrankt war, bis zu ihrem Tod und kümmerte sich dabei auch um viele, ganz elementare praktische und für ihn sehr ungewohnte Dinge. Er schreibt über ihr Sterben: »Der Tod kommt wie ein Dieb in der Nacht, heißt es im Evangelium. Aber hier hatte er sich lautlos eingeschlichen und eingenistet und stahl jeden Tag ein Stückchen Leben. Er hatte uns als Geisel genommen und hielt uns gefangen. Was wir jeden Tag durchmachten ist ein lange Geschichte ... Wie lange das dauern sollte, wusste ich nicht. Ich brauchte es auch nicht zu wissen.

Aber es hatte Sinn und war eine reiche Erfahrung. Wir gehen alle denselben Weg, der mit jedem Tag kürzer wird. ›Gut sein‹ ist das Einzige, was in diesem Leben zählt. Ich hatte alles losgelassen und nichts begehrt. Ich hatte alles in Gottes Hände gelegt, weil ich wusste, dass in Gottes Händen nichts und niemand verloren geht und dass Gott denen alles zum Guten wendet, die ihn lieben. Das ist alles.«

Ein halbes Jahr nach Leontines Tod erleidet Phil Bosmans selbst einen Schlaganfall und kommt noch in der Nacht in die Klinik. Wie er das erlebte und was für Gedanken ihm durch den Kopf gingen, darüber schrieb er viele Monate später, als ihm das Schreiben am Computer mit der linken Hand möglich war, an seine Freunde:

»Schlagartig war ich in eine andere Welt gekommen. Ein anderer Planet. Auf einmal. Von einem Tag auf den anderen. Nichts wurde mehr von mir verlangt. Ich wurde vom Spielfeld weggerufen. Nicht mehr mitspielen. Ich war plötzlich Zuschauer geworden. – War das der Wille Gottes? Mein Wille war es sicher nicht. Alle meine Pläne fielen ins Wasser. Warum bloß? Hatte ich mich verloren oder war ich versunken in einem Zuviel von Aktivitäten mit Bund ohne Namen in Deutschland und Südamerika, mit Vorträgen und mit Verlegern in fremden Ländern? Oder brauchte Gott mich vielleicht für Heidi, die gerade erst von ihrem Mann im Stich gelassen worden war, für die kleine Schwarzhaarige, deren Freund sich das Leben genommen hatte? Oder für Sylvain, den Aidspatienten im Endstadium, dem ich in seinen letzten Tagen beistehen konnte? Oder für die anderen Patienten wir Ronny und Laine und Katelijn und Guy? – Ich weiß es nicht. Aber ich bin überzeugt: Alles hat ›Sinn‹, auch was in unseren Augen zunächst völliger ›Unsinn‹ ist. Wir müssen nur manchmal lange danach suchen. … Ich weiß und habe mein ganzes Leben hindurch erfahren, dass das Kreuz ein Pluszeichen ist … Wir brauchen vor der Nacht keine Angst zu haben, denn in der finstersten Nacht sehen wir, manchmal durch unsere Tränen hindurch, die schönsten Sterne.«

GENIE DER FREUNDSCHAFT

Pater Bosmans war ein Genie der Freundschaft. »Blumen können nicht blühen ohne die Wärme der Sonne. Menschen können nicht Mensch werden ohne die Wärme der Freundschaft.« Phil Bosmans betrachtete den »Bund ohne Namen«, 1959 in Belgien als gemeinnütziger Verein gegründet, als eine große Freundschaftsbewegung, von der niemand ausgeschlossen ist und die sich besonders um die Schwachen, Angeschlagenen, Zu-kurz-Gekommenen, kümmert. Er suchte und fand Helfer und Helferinnen, die in ihrem örtlichen Umkreis Aktionen durchführten.

1975 beginnt von Venezuela aus ein spanischsprachiger »Bund ohne Namen« *(Movimiento sin Nombre)* in Spanien und Südamerika zu wirken. 1988 wird der »Bund ohne Namen« für Deutschland gegründet, im Jahr 2000 in Kroatien durch Pfarrer *Pavao Madžarevic*, mit dem Phil Bosmans eine tiefe Freundschaft verbindet. Der katholische Seelsorger, der alle Bosmans-Bücher in Kroatische übersetzt hat, ist auch durch seine umfangreiche Mitarbeit in den Medien von großem spirituellen Einfluss. Auch in der Ukraine ist ein »Bund ohne Namen« tätig, der von Pfarrer *Jaroslav Tsaryk* geleitet wird.

BOTSCHAFT DES HERZENS

Im Juli 1995, anderthalb Jahre nach seinem schweren Schlaganfall, schrieb Phil Bosmans »An alle Bundesgenossen«, sicherlich auch in der Absicht, sie über sein jetzt so sehr verändertes Leben hinwegzutrösten, und etwas Ähnliches würde er wohl gern allen Menschen mit auf den Weg geben: »Wir zählen das Leben nicht nach Jahren, sondern nach den kleinen Freuden an jedem Tag. Und kleine Freuden sind groß genug, wenn man sie zu genießen vermag. Das Leben ist nicht viel mehr als ein mühsames Herantasten an Gott auf krummen Erdenwegen. Aber sei gewiss: Nichts ist vergeblich, nichts vergänglich, was in Liebe geschieht. Es wird auf ewig blühen. Ich wünsche euch allen viele echte, liebe Freunde, die euch nahe bleiben an Tagen der Freude und Tagen des Leids.«

In einem Manuskript von Phil Bosmans habe ich ein Gebet gefunden. Es gibt wieder, was ihn im Innersten erfüllt hat: »Lieber Gott, halt mich fest mit deinen zwei Händen. Halt mich fest im Schatten deines Herzens. Halt mich fest – nicht für mich, sondern für die, die du meiner Sorge anvertraut hast und für die du mir jeden Tag neu das Leben gibst. Damit sie bei mir und in meinem Herzen immer die Wärme finden, die sie brauchen, um zu leben und zu gedeihen, um geborgen zu sein und sich wohlzufühlen.«

Das ist die Botschaft von Phil Bosmans: Lass Menschen in deinem Herzen immer die Wärme finden, die sie brauchen, um zu leben.

Man lebt nur
mit dem Herzen gut

Man lebt nur mit dem Herzen gut

Wenn wir uns etwas ganz Schönes vorstellen, etwas, das wir uns von ganzem Herzen wünschen, das uns ganz glücklich machen würde, dann sagen wir manchmal dazu: Das wäre ein Traum. Träume können nicht nur ein Schlüssel in die dunkle Welt des Unterbewusstseins sein, die uns so schwer zugänglich ist und die uns doch so tief prägt und bewegt. Träume können auch ein Schlüssel in die Welt der Zukunft sein. Wie stellen wir uns unsere Welt in Zukunft vor? Wie sollte sie sein? Nicht nur im Allgemeinen, im großen Ganzen, für das dann gewöhnlich andere zuständig seien. Sondern: Was ist mein ganz persönlicher Wunschtraum von der Zukunft?

Phil Bosmans hat einen solchen Traum: »Alle Menschen – Brüder und Schwestern im selben Boot, Menschen, die zusammen fahren. Alle Menschen – Brüder und Schwestern im selben Weltschiff, auf demselben Weltmeer unter derselben Sonne, im selben Wind. Keiner wird mehr über Bord geworfen, keiner landet mehr im Abstellraum, um dort vor Hunger zu sterben. Es gibt keinen Krieg mehr um die Kommandobrücke. An Bord dieses Schiffes ist jeder sicher und geborgen. Ein herrlicher Traum! Warum muss ich aufwachen und ein schwarzes Schiff sehen, schwer angeschlagen, steuerlos? Warum muss ich verzweifelte Rufe hören nach Menschen, die ein Herz haben für die Menschen?« Traum und Wirklichkeit, warum liegen sie in unserem Leben oft so weit auseinander?

Das Menschenleben wird seit alters her gern mit einer Seefahrt verglichen. Denken Sie nur an den griechischen Helden Odysseus mit seinen abenteuerlichen Irrfahrten, bis er nach Jahren endlich sein Zuhause wiedergefunden hat, oder an den biblischen Jona mit seinem nicht weniger abenteuerlichen Fluchtversuch vor seinem Gott per Schiff. In den Zeiten, als noch Seemannsgarn gesponnen wurde, gehörte zu einem richtigen Schiff eine märchenhafte Gestalt, die sich für Unglückliche einsetzt und dort warnt, wo sich Böses zusammenbraut: der »Klabautermann«. Im Lexikon heißt es: »Nach dem Volksglauben der Geist, der gegen die hölzernen Schiffswände klopft, um zur Ausbesserung [zum ›Kalfatern‹] zu mahnen oder den Untergang eines Schiffes anzukündigen«. Als ein solcher »Klabauter« versteht Phil Bosmans sich selbst: ein guter Geist, der in schwierigen Lagen hilft, der aber auch vor drohendem Unheil warnt. Im Deutschen wurde das mit »Kobold« übersetzt. »Ich bin ein kleiner Kobold, der den Leuten in den Ohren liegt. Immer mit der Frage nach dem Herzen«, sagt er einmal, »ich bin nur ein kleiner Kobold mit einem kleinen Saatkorn in der Hand, um es in dein Herz zu legen.« Wie ist es mit diesem kleinen Saatkorn in unserem Herzen?

In der vielleicht dunkelsten Zeit des zwanzigsten Jahrhunderts, im Kriegsjahr 1943, erschien eine der berühmtesten Märchen-Erzählungen der Welt, »Der kleine Prinz« von *Antoine de Saint-Exupéry* (1900–1944). Seit das Buch erschienen ist, wurde und wird ein Satz unzählige Male wiederholt: »Man sieht nur mit dem Herzen gut.« Sie erinnern sich: Auf seiner Planetenreise kommt der kleine Prinz schließlich auf die Erde und trifft hier den Fuchs, wie in vielen anderen Märchen ein helfendes Tier, das dem Helden auf der Suchwanderung durch die Wüste des Lebens den Weg zum Wesentlichen weist. Die beiden kennen sich noch nicht. Aber sie kommen ins Gespräch miteinander. Der weise Fuchs bittet den kleinen Prinz nach einer ganzen Weile, ihn zu zähmen. »Ich möchte wohl«, antwortete der kleine Prinz, »aber ich habe nicht viel Zeit.« Er möchte Freunde finden und viele Dinge kennenlernen und reagiert ein wenig so, wie Menschen halt so reagieren: Ich möchte wohl, aber – keine Zeit. »Man kennt nur die Dinge, die man zähmt«, antwortete der Fuchs. »Die Menschen haben keine Zeit mehr, irgend etwas kennenzulernen.« Denn Menschen kaufen alles fertig in den Geschäften, und da es keine eigenen Läden für Freunde gibt, haben die Menschen keine Freunde mehr.

Diese Einsicht könnte von Phil Bosmans stammen. Durch seine Botschaft zieht sich in vielen Variationen ein ähnliches Leitmotiv: »Die wesentlichen Dinge des Lebens sind umsonst. Sie werden dir gratis gegeben. Glück kannst du nicht kaufen, Liebe gibt es nur umsonst. Mit Geld kannst du Beziehungen kaufen, aber keine Freundschaft. Mit Geld öffnet sich dir jede Tür, nur nicht die Tür zum Herzen.« Freunde zu haben ist für Phil Bosmans etwas Wesentliches im Leben. Er denkt dabei gern an einen in den besten Jahren nach jahrelanger unheilbarer Krankheit gestorbenen Mitbruder und Freund, der ihm auf dem Sterbebett sagte: »Die letzte Zeit musste ich viel weinen. Überall ist Wüste. Kein bisschen Himmel zu spüren. Ohne Freundschaft bist du in solchen Stunden verloren. Ohne Freunde ist ein Mensch erst wirklich arm.«

Wie gewinnen wir Freunde? Der kleine Prinz ist auf der Suche nach Freunden und hört vom Fuchs das geheimnisvolle Wort »zähmen«. Neugierig geworden, fragt er, was es bedeute. Für den Fuchs ist »zähmen« eine in Vergessenheit geratene Kunst. Sie bedeutet: »sich vertraut machen«. Miteinander vertraut werden und dabei erfahren, dass wir Menschen einander anvertraut sind, darin liegt der Grund der Freundschaft. Diese Erfahrung wünscht Phil Bosmans jedem Menschen: »Ich möchte, dass du wenigstens einen Menschen hast, bei dem du geborgen bist, und dass du jeden Tag wenigstens einen Augenblick lang glauben kannst, froh zu sein, und dass du ein paar Menschen um dich herum glücklich machen kannst mit deiner Güte und deiner Freundschaft.«

Es kommt die Stunde des Abschieds vom kleinen Prinzen, da endlich lüftet der Fuchs sein lange zurückgehaltenes Geheimnis. »Es ist ganz einfach: Man sieht nur mit dem Herzen gut. Das Wesentliche ist für die Augen unsichtbar.« Phil Bosmans wiederholt diesen Satz auf seine Weise: »Es gibt viele Wunder im Schoß der Erde, die danach verlangen, vom Menschen entdeckt zu werden, aber wir sehen sie nicht. Unser Leben ist von Wundern umgeben, die unser Herz erfreuen wollen, aber wir sehen sie nicht. Weil wir nur unsere Augen aufmachen, aber nicht unser Herz. Weil wir die Dinge und Menschen, die uns entgegenkommen, nicht von Herzen gern haben. Wenn wir Blumen und Vögel und die Menschen anschauen, weil wir sie von Herzen gern haben, dann sehen wir immer viel mehr, dann entdecken wir täglich Wunder.«

Eine uralte Erfahrung des Menschen: Mit den Augen des Herzens sehen wir mehr. Wir könnten auch sagen, nur mit den Augen der Liebe sehen wir »gut«, erfassen wir das unsichtbare Wesentliche. Phil Bosmans: »Wenn du nach jemandem schaust, den du gern hast, siehst du immer mehr, als was deine Augen sehen.« Liebe lässt mehr sehen, Liebe verleiht aber auch eine seltsame Blindheit, ebenfalls eine uralte Erfahrung, die er so ausspricht: »Liebe ist immer ein bisschen blind – für die Fehler der anderen. Wenn Liebe und Freundschaft verkümmern, dann geht auch sie verloren, diese sympathische Blindheit. Dann werden die Augen wirklich schlecht, und zum Schluss sieht man nichts mehr als Fehler und Mängel, Schwächen und Gebrechen. Dünne Liebe sieht überall dicke Fehler.«

Übrigens, meines Wissens ist »Der kleine Prinz« das einzige Buch, das Phil Bosmans einmal ausdrücklich zitiert: »Wo Kinder auftauchen, bekommt alles ein frisches Gesicht voller Farbe, Wärme, Leben. Große Leute verstehen nichts davon. Wenn Erwachsene sich unterhalten, geht es oft um Zahlen. Sie sind nun einmal so. Sie reden vom Verdienen, sie machen sich immer Sorgen um das Geld. ›Darum müssen Kinder mit den Großen viel Geduld haben‹, sagt der kleine Prinz.« Auch wenn er es nicht ausdrücklich sagt, Phil Bosmans liebt manche Bilder und Symbole, die sich auch bei Saint-Exupéry (und weit darüber hinaus in der Weisheitsüberlieferung der Menschheit, nicht zuletzt in der Bibel) finden lassen, zum Beispiel *Wüste, Wasser, Oase, Sonne, Stern, Stadt, Blume, Kind*. Bilder, die uns unmittelbar ansprechen, die uns in der Tiefe anrühren, die uns ohne komplizierte Überlegungen Lebenswichtiges vermitteln können. Ein, wenn nicht das zentrale Bildwort bei Phil Bosmans ist das *Herz*. Das, was ihm am meisten am Herzen liegt, ist das Herz, die Botschaft des Herzens, die Kultur des Herzens, das Leben mit Herz.

KOMM ZUR VERNUNFT, ENTDECKE DEIN HERZ

»Heute ist ein Zeitalter der Forderungen, knallhart und eiskalt. Ein Eiszeitalter. Das Herz liegt im Eisschrank, tiefgekühlt und hartgefroren, um niemals mehr aufzutauen. Menschen kühlen ab und werden zueinander hart wie Eisblöcke.« Und dann folgt

der Appell: »Komm zur Vernunft, entdecke dein Herz!« Das ist einer von den vielen Kurztexten, die Phil Bosmans im Laufe der Jahrzehnte geprägt hat. Solche Kurztexte, die zum Nachdenken und zum Tun herausfordern, die manchmal Verblüffung und manchmal ein Schmunzeln auslösen, sind das Markenzeichen von Phil Bosmans geworden. Er erzählt, wie er auf diese Slogans kommt: »Das Entstehen eines Spruches ist schwierig und einfach zugleich. Schwierig, weil er nicht das Produkt von Reflexion und Grübeleien ist. Er hat nichts zu tun mit dem Willen, einen Spruch zu Papier zu bringen, als ob man morgens aus dem Bett steigen und sagen würde: Jetzt will ich mal einen Spruch machen. Aber zugleich ist seine Entstehung etwas Einfaches: Er fällt einem oft einfach zu, er ist ein Geschenk. Er ist wie eine reife Frucht, man muss sie nur pflücken. Er entsteht aus der Nähe zu den Menschen. Blitzartig leuchtet er bei einer Begegnung, bei einem Erlebnis auf.«

Das kleine Wörtchen Herz ist heute bei vielen außer Gebrauch gekommen und bei nicht wenigen in Verruf geraten. Es teilt das Schicksal des kleinen Wörtchens Liebe. Es kann das Schönste, Tiefste, Letzte, es kann alles sagen. Aber es kann auch misshandelt, verschlissen, bis zur Unkenntlichkeit entstellt werden. Ganz gleich, mit welchen Worten man die uralte Spannung zwischen von Geist und Herz, Kopf und Bauch, Verstand und Gefühl auch benennen mag, wir spüren mehr denn je: Der Kopf allein macht's nicht. Unsere Sympathien und Reaktionen, unsere Meinungen und Einstellungen werden viel weniger von unserem Verstand dirigiert, als wir oft denken, sondern sie wurzeln in einer tieferen, zentraleren Schicht, in der Mitte unseres Wesens. Und eben dazu sagt man in allen Kulturen und zu allen Zeiten »Herz«.

Phil Bosmans bringt solche elementaren Erfahrungen mit einleuchtender Klarheit auf den Punkt: »Mehr als mit dem Verstand denkst du mit dem Herzen. Du siehst die Menschen und die Dinge mit dem Herzen. Alles siehst du mit dem Herzen. Was dein Herz mag, dafür wirst du dich einsetzen mit ganzem Kopf und aller Kraft. Ideen, Weltanschauung, Politik: Dein Herz wählt, wofür du kämpfst. Das Herz macht den Verstand hell oder finster.« Den letzten Gedanken kann er, vielleicht noch markanter, noch pointierter, auch so formulieren: »Das Herz kann unser Himmel sein. Aber es lässt sich in uns auch eine Hölle einrichten.« Das Herz ist nicht von vornherein nur gut, nur Liebe, es kann auch erkalten, versteinern. Aus dem Inneren des Menschen kann auch Böses kommen, heimtückisch wie eine Virusinfektion oder explosionsartig wie ein Vulkanausbruch. Und dennoch gilt, was Phil Bosmans einmal so sagt: »Das Herz des Menschen – ein winziger Fleck auf unserem großen Planeten. Aber hier kommt die Liebe zur Welt.«

Phil Bosmans Lebensphilosophie ist nicht eine Theorie über das Leben, sondern es sind Überzeugungen, die nicht aus Büchern, sondern aus dem Leben stammen. Es sind Worte, die zum Leben wichtig sind. »Ich habe viel geschrieben, aber niemals um der Literatur willen. Ein paar Gedanken über die Menschen und die Welt, wie ich sie erlebe. Vielleicht geschah das da und dort allzu ungeschminkt. Ich versuchte nur, den Menschen, die all ihr Leid und Elend in meine Hände gelegt hatten, durch ein Wort ein wenig Licht und Trost zu bringen, weil ich glaubte, dass ein Wort Wunder wirken, einen Menschen heilen kann. Ich denke, dass meine Bücher gewöhnliche, einfache, alltägliche Dinge in Worte fassen. Das ist für die Menschen wichtig. Was ich schreibe, ist eine Art Basisphilosophie des Lebens.«

BASISPHILOSOPHIE DES LEBENS

Phil Bosmans ist überzeugt: Es mangelt in unserer Welt nicht an Wissen, Sachverstand und Fähigkeiten, aber wir haben einen großen Mangel an Liebe. Wo hat er das erlebt, wie ist er zu dieser »Philosophie« gekommen? Er sagt: **»Über den Mangel an liebevoller Menschlichkeit und Geborgenheit habe ich viel in den Gefängnissen erfahren, wenn junge Männer mir sagten, dass sie zu Hause niemals willkommen gewesen seien. Oder wenn einer mir erzählte, dass er von dem zweiten Mann seiner Mutter immer nur Schläge bekam. Das Einzige, was ihm übrig blieb, war, zu fliehen, wegzulaufen. So geriet er auf krumme Wege. Denselben Mangel an Geborgenheit fand ich bei einer jungen Frau. Am Telefon sagte sie voller Wut und Protest, dass sie bereit sei, öffentlich Selbstmord zu machen, um das Recht auf Abtreibung zu erzwingen. Viel später kam es stockend unter Tränen heraus, dass die Mutter sie immer gehasst** habe. ›Ich bin schon längst umgebracht. Hätte sie mich nur abgetrieben.‹ Wenn man all diesen Menschen zuhört, hört man darin den Schrei nach Geborgenheit, nach ein paar ausgebreiteten Armen, in die man sich flüchten kann. Der Mensch bleibt einsam und stirbt verlassen, wenn er nirgends Liebe, nirgends menschliche Wärme findet. Darum brauchen wir mehr denn je eine Wende, eine neue Kultur, eine Kultur des Herzens.«

In jeder Stadt gibt es Viertel, um die hochanständige Leute einen großen Bogen machen, wo die ganz einfachen und ganz armen, die entwurzelten und verachteten Menschen am Rande der Gesellschaft hausen, Elendsviertel, Slums, Favelas. Das hat Phil Bosmans nicht nur in Belgien und Frankreich, sondern auch in Südamerika hautnah erlebt. Aus dieser Erfahrung prägt er das Bildwort: »Das schlimmste Elendsviertel in der Menschenstadt ist das menschliche Herz.« Oder ein anderes, vielleicht noch drastischeres Bild: »Unsere Gesellschaft hat einen Herzinfarkt. Sie gehört auf die Intensivstation. Sie muss das Serum der Liebe bekommen. Ist das Herz nicht gesund, ist auch das soziale, das politische, das wirtschaftliche Leben krank, ist im Grunde alles todkrank.«

Sich mit der ganzen Kraft seines Lebens für eine Kultur des Herzens einzusetzen ist weder sentimentale Gefühlsduselei noch nostalgische Verachtung moderner Entwicklungen. Manche halten den Weg des Herzens für poetische Träumerei, die in einer öden Wüste nur ein paar Blumen ausstreut. Manche halten die Botschaft des Herzens für eine unrealistische Sicht von Welt und Mensch. Phil Bosmans kennt solche Kritik. Aber er fühlt sich nicht von ihr getroffen, weil sie gewöhnlich an allzu flüchtigen, oberflächlichen, nebensächlichen Eindrücken festgemacht wird. »Natürlich bin ich in den Augen mancher ein Mensch mit Utopien und Träumen. Aber ich verschließe meine Augen nicht vor dem, was in unserer Gesellschaft verkehrt läuft. Ich habe jahrelang unglücklichen Menschen zugehört, Gestrandeten, Gebrochenen und Gescheiterten, Kranken und Einsamen. Ich habe Menschen zugehört, die sehr wohlhabend waren und dennoch tief unglücklich, lebensmüde, verzweifelt.«

Hinter den lebensfrohen Texten von Phil Bosmans stehen Erfahrungen wie diese: »Ich erinnere mich an den Schiffsoffizier, der eines Abends voller Wut, fluchend und tobend ankam, mit einem Revolver in der Hand. ›Ich bin der Teufel‹, sagte er, ›euren Chef gibt es, glauben Sie mir. Er macht mich fertig. Ich habe Frauen und Kinder aus nächster Nähe erschossen, und jetzt kommen sie mich nachts besuchen. Ich mache Schluss!‹ Es war eine lange Geschichte. Am Ende gab er mir noch eine goldene Feder und zwei silberne Manschettenknöpfe in Form von Schiffsschrauben. Danach verschwand er in der Nacht.«

Für Phil Bosmans steht und fällt alles mit der Kultur des Herzens. Wem diese Kultur fehlt, dem fehlt jegliche Kultur: »Niemand hat Zugang zum Geheimnis des Menschen, nur das Herz. Es gibt nur einen Weg zum Mitmenschen, den Weg des Herzens.« Worüber ich immer wieder und immer mehr staune, ist die intuitive Sicherheit, mit der Phil Bosmans Gedanken ausspricht, wie sie sich ähnlich bei großen Denkern finden lassen – dabei hat er sie sich nicht aus ihren Büchern ausgeborgt, ihn haben die Menschen immer mehr als Bücher interessiert.

Blaise Pascal (1623–1662) war das mathematisch-naturwissenschaftliche Genie des siebzehnten Jahrhunderts in Frankreich, ebenso groß als Philosoph wie radikal als gläubiger Christ. Über ihn sagte ein Freund: »Er wollte die Menschen an ihr Herz erinnern.« Seine »Gedanken« (»*Pensées*«) zählen zu den Meisterwerken der französischen Literatur. Darin findet sich der Satz: »Das Herz hat seine Gründe, die der Verstand nicht kennt.« Eine sachlich gewiss richtige Übersetzung, aber die sprachliche Brillanz, die Pointe ist notgedrungen verloren gegangen: *Le coeur a ses raisons que la raison ne connait point.* Die *raison* (in der Einzahl), die Vernunft, die *ratio*, hat von den *raisons* (in der Mehrzahl), den Gründen des Herzens, keine Ahnung. Ein wunderbar treffendes, aber im Deutschen unübersetzbares Wortspiel. In anderen Textfragmenten entwickelt Pascal den Gedanken: »Es ist das Herz, das Gott spürt, und nicht die Vernunft. Das ist der Glaube: Gott spürbar im Herzen und nicht in der Vernunft.« Phil Bosmans sagt: »Gott begegnen ist keine intellektuelle Leistung. Gott ist kein Objekt für den Verstand. Gott ist die große Lebensfrage, auf die allein das Herz eine Antwort weiß. Unser Herz weiß um Gott. Bevor sich Gott unserem Verstand offenbart, ist das Herz ihm längst begegnet.«

Ungefähr ein Jahrhundert nach Pascal wurde in Königsberg *Johann Georg Hamann* (1730–1788) geboren, ein Studienfreund *Immanuel Kants*, ein leidenschaftlicher Leser, vor allem der Luther-Bibel, ein vielseitiger Publizist, ein äußerst geistreicher, anregender Kopf, ohne den zum Beispiel das Werk *Goethes* und *Kierkegaards*, die Romantik oder die Erweckungsbewegung im neunzehnten Jahrhundert nicht zu denken sind. Beeinflusst vom Pietismus, geprägt durch ein Bekehrungserlebnis (wie übrigens auch Pascal), spielt das Herz in seinem Denken eine wichtige Rolle. Den Geist der wahren Religion charakterisiert er in scheinbar paradoxer Zuspitzung so: »Ihr Herz ist im Himmel, und ihr Himmel ist im Herzen.« Phil Bosmans sagt: »Wenn der Himmel in dein Herz kommt, kommt dein Herz in den Himmel.«

Von *Albert Schweitzer* (1875–1965) stammt der Satz: »Nicht reden, was möglich ist, sondern tun, was nötig ist.« Bei einem Besuch von Phil Bosmans in Freiburg machten wir einen Ausflug ins Elsass und kamen nach Kaysersberg, dem Geburtsort Albert Schweitzers. Da wollte er unbedingt das Geburtshaus sehen, heute ein Albert-Schweitzer-Museum. Sehr nachdenklich, langsam, mühsam ging er durch die Räume. Ich hatte den Eindruck: Hier sind sich zwei Freunde begegnet, die zu verschiedenen Zeiten und auf verschiedenen Wegen im Grunde das Gleiche anstrebten.

Das Herz bezeichnet die ursprüngliche Mitte des Menschen, es ist ein Urwort. Einer der großen Theologen des zwanzigsten Jahrhunderts, *Karl Rahner* (1904–1984), antwortet auf die Frage, wann man vom Herzen reden dürfe oder müsse: Immer. »Immer wird man hoffen, dass der ›Morgenstern endlich in unserem Herzen aufgeht‹; immer die selig preisen, die reinen Herzens sind; immer das Entsetzliche erfahren, dass das Böse aus der Grube des Herzens quillt, und immer die lieben, die von Herzen verzeihen können; immer danach allein gerichtet werden, ob man Gott aus ganzem Herzen geliebt hat, weil auf der Waage Gottes nur die Herzen gewogen werden.« Phil Bosmans sagt: »**Was nicht aus dem Herzen kommt, wird ein anderes Herz nicht erreichen. Das Wort ist eine Geburt. Wenn ein Wort das Herz erreicht, verändert es das Herz.**« Oder, mit etwas anderen Worten das Gleiche in konzentriertester Form gesagt: »Das Herz spricht zum Herzen.« Dieser Satz stammt nicht von Phil Bosmans, er ist das Lebensmotto eines anderen großen Christen, *John Henry Newman* (1801–1890), der ihn als Wappenspruch (in der lateinischen Form: *Cor ad cor loquitur*) verwendete, als er in hohem Alter zum Kardinal erhoben wurde. Die Lebenszeit dieses hochgebildeten englischen Priesters umspannt fast das ganze neunzehnte Jahrhundert. Dabei hatte dieser weitblickende und warmherzige Glaubenszeuge viel zu leiden, nicht nur unter Krankheiten, sondern mehr noch unter Anfeindungen und Verleumdungen. Aber er ist nur einer aus der unübersehbaren großen Schar von Menschen im Lebensraum des christlichen Glaubens, die mit dem Herzen gedacht, gesprochen und gebetet haben.

Es sei nur noch ein Einziger unter ihnen genannt, vielleicht der einflussreichste seit 1600 Jahren: *Aurelius Augustinus* (354–430). In seinem Riesenwerk kommt das Wort *cor* (»Herz«) nicht weniger als viertausendmal vor. Am berühmtesten ist der Anfang der »Bekenntnisse« dieses großen Gottsuchers, die ein Sprechen vor dem Angesicht Gottes sind, also Gebet: »Unruhig ist unser Herz, bis es ruht in dir.« Über das lebenslange Suchen des Menschen sagt Phil Bosmans in seiner Art: »Der Mensch ist sein Leben lang auf der Suche nach einem Zuhause. Nur die Liebe ist das Haus, in dem wir ewig wohnen können.« So weit weg ist das nicht von Augustinus. Einige kennen vielleicht das Gebet, das Phil Bosmans »Mein letztes Gebet« genannt hat. Darin heißt es: »In Tagen der Schwäche und Sünde hinterlässt du immer Heimweh in meinem Herzen, wie eine tiefe Wunde, und sie wird erst heilen, wenn mein Herz wieder in deiner Hand liegt.«

Auf leisen Füßen
kommt das Glück

Auf leisen Füßen kommt das Glück

Wann war ich so richtig glücklich? Wie ist es mir bei der Suche nach Glück ergangen? Kann ich bei allem Unglück in der Welt überhaupt glücklich sein? Gibt es so etwas wie vollkommenes Glück? Solche Fragen sind keine Informationsfragen. Man kann sie nicht so beantworten wie die Fragen, wann der Zug fährt oder wie das Wetter bei der Abfahrt war. Es sind Fragen, die die Qualität des Lebens betreffen. Sie stellen sich umso drängender, als es trotz allem Fortschritt, trotz allen sozialen Absicherungen offensichtlich nicht gelungen ist, Menschen glücklicher zu machen. Der Sozialpsychologe *Erich Fromm* (1900–1980) schrieb 1976 in seinem Weltbestseller »Haben oder Sein«: »Wir sind eine Gesellschaft notorisch unglücklicher Menschen: einsam, von Ängsten gequält, deprimiert, destruktiv, abhängig – Menschen, die froh sind, wenn es ihnen gelingt, jene Zeit ›totzuschlagen‹, die sie ständig einzusparen versuchen.« Auch viele Jahrzehnte später scheint die Analyse nach wie vor zuzutreffen.

Für Phil Bosmans ist es ein Grundimpuls seines ganzen Lebens, Menschen glücklicher zu machen. Er gehört dabei nicht zu den naiven Weltverbesserern, deren schöne Worte und berauschende Theorien an den harten Realitäten wie Seifenblasen zerplatzen. Dafür ist er zeit seines Lebens viel zu sehr »auf dem Teppich« geblieben, hat viel zu viel Schweres am eigenen Leib erlitten und jahrzehntelang im täglichen Umgang mit leidbeladenen, schwer angeschlagenen Menschen erlebt.

Phil Bosmans sagt: »Viele Menschen machen sich unglücklich, weil sie meinen, Glück könne man kaufen. Sie denken, Geld sei Glück. Später erfahren sie das Gegenteil, aber dann ist es meistens zu spät.« Diesen Gedanken hat er in vielen Variationen wiederholt. Eine Einsicht, die gegen eine das vordergründige Bewusstsein der Menschen stark beeinflussende Werbung gesagt ist, die das ganz tief sitzende Glücksverlangen des Menschen anspricht, nicht um Menschen glücklicher zu machen, sondern um mehr zu verkaufen: »Das große Dogma der Werbung heißt: Mit Geld kannst du alles kaufen. Aber dieses Dogma ist eine große Lüge. Glück kannst du dir nicht kaufen – zum Glück!« Nachdem das sozialistische Gesellschaftsmodell im zwanzigsten Jahrhundert gescheitert ist, erleben wir im Neokapitalismus der vergangenen Jahrzehnte eine noch hemmungslosere Profitgier. Die ewige Versuchung des Menschen, dem Geld wie einem Götzen zu huldigen, macht die Warnung von Phil Bosmans, das Glück an einer grundfalschen Stelle zu suchen, bleibend aktuell: »Um glücklich zu sein, ist es nicht wichtig, mehr zu haben, sondern weniger zu begehren. Viele machen es gerade umgekehrt. Glücklich ist, wer viel entbehren kann.«

»Glück« ist ein äußerst schillernder Begriff. Den einen macht es glücklich, eine Nacht gut schlafen, die andere, ihr berufliches Ziel zu erreichen, für einen Dritten bedeutet ein kühles Bier nach einem heißen Sommertag ein kleines Glück. Einen Apfel genießen oder die Blumen oder den ersten Schnee, ob Kochen oder Fußball spielen, Malen oder Musizieren, Lesen oder Faulenzen: Es gibt tausend Dinge, die Menschen glücklich machen können. Phil Bosmans sagt: **»Freude an den kleinen Wundern: Mit diesem Schlüssel kannst du überall und allezeit ein bisschen glücklich sein.«**

»Glück« – das kann ein glücklicher Zufall sein: Wenn mein Zug Verspätung hat, der Anschlusszug verpasst ist, aber – was für ein Glück – auch der hat Verspätung, und ich erwische ihn entgegen aller Befürchtung doch noch. Was für ein Glück!

»Glück« – das kann das Erlebnis eines schönen Gefühls sein, eine Art gefühlsmäßige Begleiterscheinung, wenn Grundbedürfnisse befriedigt werden, der Hunger gesättigt, der Durst gestillt, wenn man nach der Arbeit Ruhe findet, wenn sich eine spannungsvolle Erwartung löst, wenn sich ein »Wohlgefühl« einstellt, ein Empfinden von Lust, Harmonie, Freude und Seligkeit.

»Glück« – das ist aber etwas noch viel Umfassenderes, nicht nur die kleinen Freuden des Alltags, nicht nur das höchstpersönliche, subjektive Glücksempfinden des Einzelnen. In uns schlummert eine Sehnsucht nach dem ganz großen Glück, nach dem bleibenden Glück, das unvergänglich ist, ein Glück, in dem alle Angst, alle Enttäuschungen, alles Leid, alle Sorgen aufgehoben sind. Gibt es solch ein Glück, wird sich die Sehnsucht danach erfüllen? Ist es nur eine schöne Illusion, oder steckt vielleicht in dem kleinen Glück, das wir tagtäglich erleben können, ein Vorgeschmack vom großen Glück? Ist es vielleicht gerade so, dass genau dieser Vorgeschmack es ist, der uns glücklich macht?

Phil Bosmans sagt das viel einleuchtender: »Schau einmal die Wolken an, wie sie ziehen, flüchtige Gebilde, in denen deine Fantasie geheimnisvolle Ungetüme entdeckt. Schau auf das Kind, wie es malt. Seine Fantasie zaubert mit farbigen Stiften auf ein kleines Stück Papier eine ganze Welt. Schau auf das Baby, das im Kinderwagen schläft, auf die beiden Verliebten an der Bushaltestelle. Und du wirst entdecken, dass in allen Dingen mehr liegt, als man oberflächlich sieht: eine Erinnerung an das Paradies.«

WIE SUCHE ICH GLÜCK?

Phil Bosmans sagt: »Glücklich ist der Mensch, der dem Glück nicht hinterherrennt wie einem bunten Schmetterling, sondern dankbar ist für alles, was ihm gegeben wird. Vielleicht suche ich das Glück zu weit weg. Es ist wie mit der Brille. Ich sehe sie nicht. Und dabei sitzt sie mir auf der Nase. So nahe!« Es gibt Dinge, die bekommt man umso weniger, je mehr man hinter ihnen her ist. Je mehr ich mich mit aller Gewalt anstrenge, endlich einzuschlafen, desto schwerer finde ich erholsamen Schlaf. Je mehr ich mir befehle, mir keine unnötigen Sorgen zu machen, desto stärker bleibe ich auf meine Sorgen fixiert. Vielleicht ist das mit dem Glück nicht anders. Alle Menschen suchen Glück. Finden sie es auch? Jeder Mensch ist ein Glückssucher, aber nicht jeder ist auch ein Glücksfinder. Dafür gibt es viel zu viele unglückliche Menschen. Was kann ich tun, um das Glück zu finden?

Phil Bosmans sagt: »Jeden Morgen fängt die Sonne neu an, jeden Tag lässt sie ihr Licht scheinen, mag es in der Welt auch noch so finster sein. Jeden Tag kann auch für dich neues Leben beginnen. Es ist wie bei einer Geburt, sie fällt immer schwer, aber dann erfahren wir das Wunder neuen Lebens. Neu bist, wenn du staunen kannst; wenn du glücklich bist, weil deine Augen sehen, deine Hände fühlen, weil dein Herz schlägt. Neu bist du, wenn du dich freuen kannst über die Blumen am Weg deines Lebens. Wer nichts mehr bewundern kann, erlebt niemals ein Wunder.«

Von einem indischen Meisters des Lebens, *Anthony de Mello* (1931–1987), gibt es ein Buch, *Awareness* (auf Deutsch: »Der springende Punkt. Wach werden und glücklich sein«). Für de Mello ist das Erste, um glücklich zu werden: aufwachen. Und wie macht man das? Die Antwort: Der erste Schritt, um wach zu werden, liege darin, zuzugeben, dass wir es gar nicht möchten.

Für den indischen Meister besteht das Problem darin, dass die meisten Menschen gar nicht bedingungslos glücklich sein wollen oder anders gesagt: dass sie dem Glück Bedingungen stellen. Ich will ja glücklich sein, aber vorausgesetzt, ich habe dieses oder jenes ... Wir machen, offen oder versteckt, unsere Bedingungen. Wir suchen das Glück mit Gewalt. Wir möchten es gewissermaßen erpressen. Ein kleines Kind sagt ohne Worte: Ich möchte weiter spielen (und damit glücklich sein); wenn ich jetzt ins Bett soll, bin ich nicht glücklich. Das ist ein nur allzu menschliches Verhaltensmuster: Ich bin erst glücklich und zufrieden, wenn mir dieser oder jener (vielleicht durchaus verständliche und berechtigte) Wunsch erfüllt wird. So stellen wir dem Leben insgeheim Bedingungen und, bevor sie nicht erfüllt werden, weigern wir uns, glücklich zu sein. Wir können uns gar nicht vorstellen, ohne solche Bedingungen glücklich zu sein. Dabei sind gerade sie es, die uns daran hindern, glücklich zu sein, und zwar nicht erst irgendwann in einer Zukunft, die niemals so eintrifft, wie wir uns das ausmalen, sondern jetzt. »Heute leben – heute glücklich sein!«, sagt Phil Bosmans. »Du lebst nur einen Tag: heute. Heute musst du glücklich sein.«

Wie kann ich Glück finden? Indem ich aufwache. Indem ich staune. Indem ich mich öffne. Indem ich etwas auf mich zukommen lasse. Indem ich gewissermaßen umschalte: von Senden auf Empfangen, von Machen, Aktivsein, Durchsetzen, Erzwingen auf Loslassen, Hinnehmen, Geschehenlassen, Sich-ansprechen-Lassen. Das heißt nicht, alles laufen zu lassen; aber es heißt sehr wohl: Wenn ich mich immerzu um meine Interessen und Aktivitäten, um meine Bedürfnisse und Sorgen drehe, werde ich niemals glücklich.

Wenn ich dagegen loslasse und empfangsbereit bin, entdecke ich auf einmal wunderbare Dinge. Das Leben spricht neu zu mir. Das kann ein grüner Zweig sein, eine Blume, ein Tautropfen, das Zwitschern eines Vogels. Das kann ein Bild, ein Bauwerk, ein Gedicht, ein Lied sein. In den Dingen schlummert gewissermaßen ein verborgenes Wort, das nur darauf wartet, mich anzusprechen. Und wenn das geschieht, dass meine Ohren das hören, dass meine Augen das sehen, dann sagen wir: Wunderbar! Was ist das Wunderbare in diesen glücklich machenden Augenblicken? Es ist das Wunder der Begegnung, das sich ereignen kann: »Ein kleines Lied! – Wie geht's nur an, / dass man so lieb es haben kann? / Was liegt darin? – Erzähle! – / Es liegt darin ein wenig Klang, ein wenig Wohllaut und Gesang / und – eine ganze Seele!« (Marie von Ebner-Eschenbach). Glück ist, wenn die Welt gleichsam anfängt zu singen: »Schläft ein Lied in allen Dingen, / Die da träumen fort und fort, / Und die Welt hebt an zu singen, / Triffst du nur das Zauberwort« (Joseph von Eichendorff). Ist das vielleicht zu romantisch? Ein chinesisches Weisheitswort lautet: »Wenn ich einen grünen Zweig im Herzen trage, wird sich der Singvogel darauf niederlassen.«

Der jüdische Philosoph *Martin Buber* (1878–1965) unterscheidet zwei Arten, wie der Mensch mit den Dingen umgeht: die Weise des Gebrauchens und die Weise des Begegnens. In dem

Maße, wie wir den Gebrauchswert der Dinge bis ins Unvorstellbare gesteigert haben, ist uns die Kraft zur Begegnung verloren gegangen. Gebrauchen hat mit der Außenseite, dem zu berechnenden Nutzen der Dinge zu tun. Begegnen mit der Innenseite, dem anrufenden und beglückenden Geheimnis der Dinge. Wir sind in der großen Gefahr, alles unter dem Gesichtspunkt des Gebrauchswertes zu sehen, auch das menschliche Leben.

Auf welchen Wegen kommt das Glück zu mir? Vermag ich seinen leisen Gang zu hören, vermögen die Augen meines Herzens, es in allen Dingen zu entdecken? Das Glück hat mit meinem Herzen zu tun. »Alles Glück hängt zusammen mit Lieben und Geliebtwerden.«

GLÜCK FÜR MICH ALLEIN?

Phil Bosmans sagt: »Mein tiefster Wunsch ist, Menschen glücklich zu machen. Aber ich weiß und habe es oft genug erlebt: Wenn ich selbst entmutigt und enttäuscht dasitze, wenn auch bei mir alle Lichter ausgehen, kann ich keinem Menschen mehr helfen. Ich will glücklich sein, um andere glücklich zu machen. Das Glück, das mir fehlt, ist das Glück der anderen.«

Andere glücklich machen ist der Traum glücklicher Menschen. Aber es bleibt – hoffentlich – nicht nur ein Traum. Es geschieht dann auch ein Aufwachen: sich für den anderen öffnen, sich auf ihn einlassen, seine Not wahrnehmen, ihm nach Kräften helfen. Es geschieht dann auch ein Zuhören im tieferen Sinne: ein Hören auf den Ruf der Stunde, auf den Anruf der Situation an mich. Mit dem Glück ist es wie mit der Liebe: Erst in der Zuwendung zum Du des anderen komme ich zu meinem wahren Ich. Es klingt paradox: Erst wenn ich aus mir selbst herausgehe, finde ich zu mir selbst. Man kann das auch mit biblischen Worten sagen: Wer sein Leben verliert, wird es finden.

Manche denken: Ich habe nichts, um andere glücklich zu machen; was kann ich da schon machen! Aber du brauchst nicht viel zu haben und kannst doch viel machen. Mach es wie ein Kind, das sich über den Vogel in der Luft freut. Seine Fröhlichkeit verwandelt schlechtgelaunte Leute. Oder denk an manche Kranken, von denen trotz ihrem Leid Frieden ausgeht. Sie sind mit ihrem Leben versöhnt. So können sie Menschen heilen, die gesund, aber unglücklich sind.

Glück kann man nicht allein haben. Leben geht nicht im Alleingang. Kein Mensch hat je sein Leben selbst in Gang gebracht. Keiner kann allein, ohne die Begegnung mit anderen überleben. Der Einzelgänger ist zum Tod verurteilt. Ein Kind, das nicht umarmt wird, erfriert. Ein Mensch, der einsam bleibt, ohne liebevolle Beziehungen, stirbt den Kältetod – ihm fehlt die Wärme eines mitfühlenden Herzens, das ihm nahe ist.

Phil Bosmans sagt: »Wenn wir glücklich sein wollen, müssen wir einen Preis bezahlen. Der Preis für unser Glück: dass wir uns selbst geben. Das Glück ist wie ein Schatten: Es folgt dir, wenn du nicht daran denkst, als Schatten deiner Liebe. Das Glück ist wie ein Echo im Grunde deines Herzens: Es antwortet dir auf die Gabe von dir selbst.«

Ohne die Kunst des Loslassens ist die Kunst des Glücks nicht zu lernen. Wir möchten so viel festhalten: die fröhlichen Augenblicke, die erzielten Erfolge, die unvergesslichen Begegnungen, die glücklichen Stunden des Lebens. Aber wir müssen loslassen: an jedem Abend das Licht des Tages, an jedem Morgen die Ruhe der Nacht, bei jedem Aufbruch das vertraute Zuhause, bei jedem Schmerz das unbeschwerte Leben. Loslassen ist schwer. Weil der Mensch so fest am Leben hängt, verursacht das Loslassen so viel Schmerz. Alle Angst im Leben geht letztlich zurück auf die Angst vor dem Tod. Am Ende unseres Lebens gibt es nur eine einzige Lösung: alles loslassen und mich ganz in das Geheimnis eines Gottes fallenlassen, der mich grenzenlos liebt.

GLÜCK IM UNGLÜCK?

Mancher wird vielleicht schon seit einer ganzen Weile insgeheim bei sich denken: Zu schön, um wahr zu sein. Es gibt doch so viel Unglück in der Welt, jeden Tag, und ich habe auch selbst schon viele schlimme Dinge erlebt, da ist mir das Lachen vergangen. Genau so fragt sich auch Phil Bosmans: »Habe ich das Recht, glücklich zu sein, wenn ich täglich mit so viel Unrecht und Unfrieden konfrontiert werde, mit so viel Elend unter den Menschen? Eine Frage, die mich nicht loslässt.« Ehrlich gesteht er sich ein: »Ich fühle mich jedes Mal machtlos, wenn ich die grenzenlose Ohnmacht der Menschen erlebe, ein bisschen glücklich zu sein.«

Aber da ist dann doch eine eigentümliche Erfahrung, die er gemacht hat. Es gibt Menschen, von denen man trotz allem Schwerem, das sie durchmachen, doch nicht sagen kann, sie seien todunglücklich. Er sagt: »Ich habe viele Menschen getroffen, jeder anders, alle verschieden. Keiner war dabei mit dem großen Los, dem makellosen, dem vollkommenen Glück. Irgendetwas hatten alle, eine Last, eine Wunde. Manche waren dabei, die bei allem Leid doch glückliche Menschen blieben.«

Wie kommt das, dass Menschen das gleiche Leid erleben und doch ganz verschieden darauf reagieren? Der in den Niederlanden geborene, in den Vereinigten Staaten wirkende Autor *Henri Nouwen* (1932–1996) antwortete darauf in einem seiner Bücher (*Here and Now. Living in the Spirit*; auf Deutsch: »Was mir am Herzen liegt«): Menschen müssen sich selbst für die Freude entscheiden und sie jeden Tag wählen. Aufzugeben sei die Vorstellung, dass die einen glücklicher seien als die anderen, weil die Freude von günstigen oder ungünstigen Lebensumständen abhänge. Dagegen sei eine Haltung anzunehmen, die Freude als Ergebnis der eigenen Entscheidungen betrachte: nicht die Umstände könnten wir wählen, aber die Art und Weise, wie wir mit ihnen umgehen.

Der Unterschied liegt also darin, dass eine unterschiedliche Wahl getroffen wurde, und das ist eine innere Wahl, eine Entscheidung des Herzens.

Wie begegnet man einem solchen Menschen? Wenn man eine Person trifft, der es gelingt, bei allen Menschen, denen sie begegnet, etwas Gutes zu sehen. Jemand, der das viele Leid nicht leugnet, aber immer etwas findet, wofür man dankbar sein kann. Ein Mann oder eine Frau, deren Blick freundlich und deren Stimme sanft ist und die davon überzeugt sind, dass Hoffnung realistischer ist als Verzweiflung, Glaube realistischer als Misstrauen und Liebe realistischer als Furcht. Wer einem solchen Menschen begegnet, hat einen glücklichen Menschen gefunden. Einen Menschen, dessen Herz die Entscheidung getroffen hat, zu lieben.

VOLLKOMMEN GLÜCKLICH?

Wir sagen manchmal: Jetzt bin ich wunschlos glücklich, und meinen damit, dass unsere augenblicklichen Bedürfnisse und Erwartungen restlos befriedigt sind. Doch wissen wir genau, dass wir morgen wieder Hunger haben werden. Aber auch bei Erlebnissen von großem Glück, etwa wenn wir ein lange ersehntes Ziel erreicht haben, ein Examen bestanden, eine schwierige Aufgabe gemeistert, ein großes Fest gefeiert haben, kann mittendrin oder unmittelbar danach ein Gefühl aufkommen: Ist das jetzt alles? Es schleicht sich in das erreichte Glück eine leise Enttäuschung ein. Der marxistische Philosoph *Ernst Bloch* (1885–1977) nannte das sehr treffend die »Melancholie der Erfüllung«. In allem ist etwas zu wenig.

Es war in den Weihnachtstagen 1943, mitten im Zweiten Weltkrieg. Die chinesische Hauptstadt, Peking, ist von den Japanern besetzt. Eine Gruppe von Naturforschern, die in China zu wissenschaftlichen Expeditionen unterwegs war, sitzt dort fest, abgeschnitten von Angehörigen in der Ferne. Unter ihnen der französische Forscher, Evolutionsphilosoph und Jesuitenpater *Pierre Teilhard de Chardin* (1881–1955). Seine Mitgefangenen bitten ihn, zu ihnen über das Glück zu sprechen (später unter dem Titel *Sur le bonheur*, auf Deutsch: »Vom Glück des Daseins« erschienen). Er spricht am Anfang über drei verschiedene Haltungen gegenüber dem Leben und kleidet das in ein Bild: Nehmen wir eine Gruppe von Ausflüglern, die aufgebrochen sind, einen schwierigen Gipfel zu ersteigen. Einige Stunden nach dem Aufbruch ist die Gruppe in drei Teile zerfallen. Die einen sind die Müden: Sie bedauern, sich auf den Weg gemacht zu haben, und sind nach den ersten Anstrengungen umgekehrt. Der zweite Teil freut sich, aufgebrochen zu sein, aber nach einer Weile sagen sie sich: Hier ist es doch schon so schön, hier bleiben wir. Das sind die Genießer. Die dritte Gruppe schließlich hat den Gipfel unentwegt vor Augen und steigt ihm unbeirrt entgegen. Das sind die Begeisterten.

Den drei Menschentypen, die im Keim in jedem von uns stecken, entsprechen drei Formen des Glücks. Da ist zuerst das Glück der Ruhe, dann das Glück des Vergnügens, schließlich das Glück des Wachsens, der Entwicklung. Keine Frage, dass der Philosoph der universalen Evolution im letztgenannten die höchste und fortschrittlichste Gestalt des Glücks sieht.

Er stellt drei praktische Regeln des Glücks auf: Um glücklich zu sein, muss man erstens gegen die Tendenz zur geringeren Anstrengung reagieren, die uns drängt, auf der Stelle stehenzubleiben oder in äußerer Betriebsamkeit die Erneuerung unseres Lebens zu suchen. In der Arbeit an unserer inneren Vervollkommnung erwartet uns das Glück.

Um glücklich zu sein, müssen wir zweitens gegen den Egoismus reagieren, der uns drängt, uns entweder in uns selbst zu verschließen oder andere unter unsere Herrschaft zu bringen. Um glücklich zu sein, müssen wir schließlich den Pol unserer Existenz in das hineintragen, was größer ist als wir. Nicht dass wir außerordentliche Taten zu vollbringen hätten, sondern dass wir die geringsten Dinge in großer Weise tun. Einen einzigen Stich, so klein er auch sein mag, zur großartigen Stickerei des Lebens hinzufügen. In allen Dingen (den schönsten wie den banalsten) ein in seiner Evolution mit Liebe aufgeladenes Universum innig lieben.

Für Phil Bosmans wächst dieser dritte Schritt des Glücks aus dem tiefen Vertrauen in den Schöpfer dieses Universums: »Gott sagt: Wenn ich sehe, dass die Menschen glücklich sind, bin ich am Ziel. Der Sinn meiner Schöpfung ist das Glück der Menschen. Das Heimweh nach dem verlorenen Paradies ist dem Menschen ins Herz geschrieben. Das Paradies wird wiederkommen, damit die Menschen wieder glücklich werden.«

Füreinander
Sonne sein

Füreinander Sonne sein

Jeder Mensch hat Träume, manchmal schöne, manchmal schreckliche. Auch Phil Bosmans. So erzählt er einmal: »Ich hatte einen Traum. In den Nachrichten hörte ich, dass die Sonne im Sterben lag. Es wurde langsam dunkel. Ich sah die Bäume in sich zusammensinken. Alle Pflanzen verloren ihre Blätter, und die kleinen Grashalme verwelkten. Alle Blumen verblühten, und alle Vögel hörten auf zu singen. Es gab keinen Morgen mehr und keinen Abend. Die Sonne war weg.«

Ein Albtraum: eine Welt ohne Sonne. Was für ein Glück, aufzuwachen und wieder das Licht der Sonne zu erblicken. Immer wieder kommt Phil Bosmans auf die Sonne zu sprechen. Während die meisten Menschen den Sonnenschein für selbstverständlich halten und womöglich noch schimpfen, wenn die Sonne zu viel oder zu wenig oder nicht zur gewünschten Zeit scheint, kommt er aus dem Staunen nicht heraus: »Die Sonne ist für viele das Gewöhnlichste von der Welt. Und dabei wirkt sie Wunder, Tag für Tag. Licht und Feuer macht sie an – für mich. Gegen Wolken geht sie an – um mich zu sehen, um mir einen guten Tag zu wünschen. Des Nachts ist sie am anderen Ende der Erde, um den Menschen auch dort ihr Licht zu schenken. Nehme ich die Sonne weg, wird es finster und kalt.«

DREI EIGENSCHAFTEN DER SONNE

Phil Bosmans bewundert drei Eigenschaften der Sonne, die in keinem Physikbuch stehen und die dennoch für unser menschliches Leben sehr lehrreich sind. Erstens: Die Sonne scheint für alle. »Die Sonne geht an keinem vorbei. Auch nicht an dir! Wenn du dich nicht im Schatten verkriechst. Die Sonne macht keine Unterschiede. Jeder ist für sie sympathisch.« So übersetzt Phil Bosmans auf seine Art das Wort des Evangeliums: »Der Vater im Himmel lässt seine Sonne aufgehen über Bösen und Guten« (Matthäus 5,45). – Zerbrechen wir uns darum nicht den Kopf, ob andere und womöglich die Leute, die uns irgendwie zuwider, unsympathisch sind, unserer Zuwendung auch wirklich wert sind: »Wo die Sonne des Herzens scheint, ist ein jeder Mensch der Mühe wert.«

Zweitens: Die Sonne macht's umsonst. Wir leben in einer Welt, die zu viel Wert auf den Geldwert legt. Auch wenn man (hoffentlich) zunehmend einsieht, dass man nicht alles kaufen kann, sind viele doch felsenfest überzeugt, dass man nichts geschenkt bekommt und nichts zu verschenken hat. Unermüdlich versucht Phil Bosmans uns vom Gegenteil zu überzeugen: Dass uns in Wirklichkeit die wesentlichen Dinge des Lebens gratis gegeben werden, geschenkt, umsonst: »Der Schoß deiner Mutter. Ein Vater, der dich trägt. Das Lachen eines Kindes. Eine herzliche Umarmung. Die Sonne und das Grün des Frühlings. Das Lied eines Vogels. Das Plätschern des Baches. Der Saft in den Bäumen. Der Tag und die Nacht.« Umsonst wird uns also auch das Licht und die Wärme der Sonne geschenkt. Voller Humor betrachtet er – wiederum der Aufforderung des Evangeliums gemäß, ohne es ausdrücklich zu sagen – die Vögel des Himmels: »Sieh die Lerche, wie sie hoch am Himmel singt. Weißt du, warum? Weil sie keine Miete zahlen muss. Sieh in den Himmel und singe, weil dir die Sonne umsonst scheint.«

Und schließlich eine dritte Eigenschaft, die Phil Bosmans an der Sonne bewundert: Die Sonne hat Mut. »Trotz allem Elend in der Welt steht sie jeden Morgen neu auf.« Wenn wir die Nachrichten über unsere Welt ins Wohnzimmer geliefert bekommen, dann überfällt uns, wenn wir nicht ganz abgestumpft sind, oft genug das heulende Elend. Angesichts der Versuchung zu uferlosem Pessimismus fordert Phil Bosmans uns auf: Hab Mut wie die Morgensonne. »Jeden Morgen zündet die Sonne über der Welt ihr Licht an ... Jeden Tag fängt sie aufs Neue an, und niemals wird sie müde.« Die Sonne lehrt ihn, optimistisch zu sein. Er ist überzeugt: Allein die Optimisten werden überleben. »Optimisten machen sich auf den Weg. Sie sind auf dem Weg zur anderen Seite, zur Sonnenseite. Zu dem Land, wo man leben und überleben kann.«

Ohne Sonne kein Leben, kein Licht, kein Tag und keine Nacht. Die Sonne schenkt Licht, Wärme und Freude. Um glücklich zu werden, gibt Phil Bosmans den verblüffend einfachen Rat: »Stell dich jeden Morgen mit beiden Beinen auf unsere gute, alte Erde und sage dir: ›Lieber guter Morgen! Ich bin froh, dass ich da bin, dass die Sonne da ist, dass ich die Menschen mag, dass es trotz allem so viel Gutes gibt.‹« Solchen Rat kann er umso glaubwürdiger geben, als er um die dunklen Erfahrungen im Leben weiß. Eine Frau schrieb ihm einmal, dass sie in ihrem ganzen Leben niemals die Sonne gesehen habe. Er verstand, was sie sagen wollte: dass sie in ihrem Leben niemals Liebe und Freude erfahren hatte und ihr Leben dunkel und voll Sorgen war. Phil Bosmans zog eine Folgerung, die in Gedanken ganz schnell, in Worten auch noch leicht, aber in Taten oft schwer zu verwirklichen ist: Wo im Leben Sonne fehlt, müssen Menschen versuchen, Sonne ins Leben zu bringen: Licht und Liebe, Freude und Wärme: »Kein Mensch kann leben ohne die Sonne der menschlichen Liebe … Darum müssen Menschen für Menschen ›Sonne‹ sein. Mit jedem guten Menschen, der auf der Welt lebt, geht eine Sonne auf. Gute Menschen sind wie Engel. Sie bringen überall Sonne und Hoffnung und ein bisschen Himmel … Um diese Welt bewohnbar zu machen, müssen wir unser Herz mit Sonne füllen und dann die Sonne hoch auf unseren Händen zu den Menschen tragen. Wir haben hier auf diesem kleinen Planeten nichts anderes zu tun.«

PARKEN IN DER SONNE

Unser Leben auf dieser Welt ist wie ein Weg, eine Wanderung von Sonnenaufgang zu Sonnenuntergang. Die einzelnen Tage sind wie viele kleine Wegstrecken, und alle unsere Lebenstage sind umfasst von dem einen Spannungsbogen zwischen unserer Geburt und unserem Tod: unser ganzer Lebensweg. Ein Blick auf diesen Weg ruft in uns oft Fragen hervor wie: Wie werde ich meine Sorgen los? Wie bekomme ich das Geld, das ich zum Leben brauche? Wie finde ich das Glück, von dem ich träume? Wie bleibe ich oder wie werde ich wieder gesund? Wie halte ich meine Ängste aus? Wie werde ich mit diesem oder jenem Problem, das mich quält, fertig? Und die allerschwerste Frage: Was macht eigentlich das Leben aus, was gibt ihm Sinn? Auf diese Fragen hat Phil Bosmans eine seltsam klingende Antwort: »Leben ist Parken in der Sonne.«

Das klingt ein bisschen verrückt. Dabei brauchen wir gar nicht allzu vordergründig an Autofahrer zu denken, die im Hochsommer alles andere als einen Parkplatz in der prallen Sonne suchen. Aber auch wenn wir uns auf eine tiefere Bedeutungsschicht einlassen, heißt »parken« doch so viel wie »nichts tun«. Das ist für viele verdächtig nahe an Faulheit. »Sich regen bringt Segen«, »Ohne Fleiß kein Preis« und ähnliche Sätze prägen bis heute die Haltung ein: Nur wer sich anstrenge, bringe es im Leben zu etwas. Singt Phil Bosmans das Lob der Faulheit, oder was meint er, wenn er sagt: »Leben ist Parken in der Sonne«?

Jede Zeit hat ihre Dogmen, mit denen sie lebt – und von denen sie oft nichts merkt. Ein Dogma unserer Zeit heißt: Du musst aus dem Leben herausholen, was du herausholen kannst! Du musst aktiv sein, sonst verpasst du deine Chancen! Du musst dich beeilen, denn Zeit ist Geld und das Leben ist kurz. Es ist das Dogma der Manager, das sich unter uns wie eine ansteckende Krankheit verbreitet. Wir begegnen diesem Dogma am häufigsten in der Formulierung: »Ich habe keine Zeit.«

Menschen haben keine Zeit für sich selbst und keine Zeit für andere. Sie haben keine Zeit, um glücklich zu sein, und keine Zeit, um andere glücklich zu machen. Gegen dieses verhängnisvolle Dogma zieht Phil Bosmans zu Felde: »Leben ist Parken in der Sonne.« Sein scheinbar verrücktes Bild gewinnt bei näherem Zusehen nicht nur einen tiefen Sinn, sondern gleichzeitig auch einen tiefen Trost, wenn uns unser menschliches Leben so vergänglich und so armselig erscheint: »Ich laufe auf dieser Welt nicht ewig herum. Zwischen der Ewigkeit vor meiner Geburt und der Ewigkeit nach meinem Tod habe ich genau meine Zeit, auf unserem kleinen Planeten zu parken. Ich habe meine Parkuhr. Ich kann den Zeiger nicht zurückstellen. Ich kann in meine Uhr kein Geld stecken und sie länger laufen lassen.

Meine Parkzeit ist unerbittlich begrenzt. Was nun? Nicht traurig sein, vielmehr probieren, in der Sonne zu parken, nicht im Wespennest der Sorgen. Den Tag schön machen. Begeistert sein vom Licht, von der Liebe, von guten Menschen und guten Dingen. Freundlich sein und hilfsbereit zu den Alten, die wissen, dass ihre Parkuhr bald abgelaufen ist, zu den Kranken, den Behinderten, den Betrogenen und den vielen Unglücklichen, die keinen Platz mehr an der Sonne fanden. Ihnen und allen Menschen um mich herum den Tag schön machen. Mehr brauche ich eigentlich nicht zu tun, um selber glücklich zu sein.«

DIE SEHNSUCHT NACH SONNE

Im Menschen steckt offensichtlich eine große Sehnsucht nach dem sprichwörtlichen »Platz an der Sonne«. Bekannt ist die Anekdote von *Diogenes*, jenem alten Philosophen, der vor ungefähr zweitausenddreihundert Jahren lebte; seine Bedürfnislosigkeit war nicht nur so groß, dass er sich mit dem Leben in einer Tonne begnügte, sondern auch so berühmt, dass ihn eines Tages der legendäre Welteroberer Alexander der Große aufsuchte und fragte »Was kann ich dir Gutes tun?« Darauf gab Diogenes zur Antwort: »Geh mir aus der Sonne.«

Die Sehnsucht nach Sonne bleibt ewig aktuell. Man kann damit Geschäfte machen. Ein Urlaub mit (fast) sicherem Sonnenschein gehört zu den Hauptargumenten der Tourismusbranche. Die Sonnensehnsucht beherrscht, ohne dass es uns groß bewusst wird, unseren Alltag. Ich weiß nicht, wie viel tausendmal jeden Tag in Telefongesprächen gefragt wird: »Und wie ist das Wetter bei euch? Scheint die Sonne?« Vielleicht verbunden mit dem Stoßseufzer der Erleichterung: »Endlich wieder?« Oder mit unverhohlener Enttäuschung: »Immer noch nicht?« Unsere Fantasie malt sich manchmal ein paradiesisches Glück aus: aller Sorgen und Ängste ledig, in der Sonne sitzen oder liegen, ihre wohltuende Wärme an Leib und Seele spüren, das Spiel ihres Lichtes in den Wellen des Wassers oder in den Blättern der Bäume genießen. Was spüre ich da eigentlich, was genießen wir da im Grunde? Es ist wie ein wortloses Zwiegespräch zwischen der Sonne und mir. Ich sage zu ihr: Herrlich, dass du uns jetzt so wunderbar scheinst. Und sie sagt zu mir: Wie gut, dass du da bist, ganz und gar von mir umgeben. Oder mit anderen Worten gesagt: »Mensch, ich hab dich gern.«

GUT, DASS DU DA BIST

Natürlich: Oft genug gleicht unser Lebensweg einem mühsamen Sich-Dahinschleppen durch eine grausame Wüste, einem Wandern im finsteren Tal, einem Ausharren in einer dunklen, sonnenlosen Nacht. Aber das Erste und Grundlegende ist doch die Gewissheit: Es ist gut, da zu sein. Es ist gut, dass es dich und mich, dass es uns gibt. Dieses Gutheißen des Lebens, des Daseins ist mehr als eine bloße Feststellung, es ist eine ausdrückliche Bejahung, ein Vertrauensbeweis, um nicht zu sagen eine Liebeserklärung. »In der Sonne parken« kann uns dann eine wunderbare Erfahrung vermitteln. In aller Stille können wir eine lautlose, geheimnisvolle Stimme vernehmen: Mensch, ich hab dich gern. Diese Stimme verleiht uns »Mut zum Sein« (Paul Tillich).

Damit loben wir das Leben. Loben ist nichts anderes als gutheißen. Loben heißt zu sagen: Das gefällt mir, oder du gefällst mir. Du hast es mir angetan. Ich hab dich gern. Loben steht nicht hoch im Kurs. Wir sind Meister im Jammern und im Kritisieren. Wir sind überzeugt und lassen uns jeden Tag durch die Medien aufs Neue überzeugen, dass wir allen Grund dazu haben. Keine Frage, es gibt viel Böses in der Welt und in unserem Leben, das man nicht einfach aus lauter Gutmütigkeit gut nennen kann. Aber man kann auch mit einem schwarzen Vergrößerungsglas herumlaufen und die dunklen Dinge des Lebens noch viel größer machen, als sie in Wirklichkeit sind. Davor warnt Phil Bosmans: »Unsere Augen sind die Fenster unseres Herzens. Machen wir sie auf für das Licht, für die Sonne am Tag und für die Sterne in der Nacht! Kommt Licht in unsere Augen, dann kommt auch Licht in unser Herz, und wir werden in unserem grauen Alltag die Farben entdecken.«

Mit Augen voll Licht werden wir sogar an unseren lieben Mitmenschen gute Seiten entdecken und sie dafür loben. Denn es gibt zu viele Menschen, die niemals ein anerkennendes Wort, niemals ein ehrliches Lob bekommen. Dazu meint Phil Bosmans: »Niedergedrückte Menschen sitzen fest und wissen nicht mehr weiter. Sie müssen Flügel bekommen. Mit Flügeln wird das Leben leichter. Mit Flügeln wird alles beschwingter. Ein anerkennendes Wort kann sie beflügeln.« Aus dieser Erfahrung hat er das wunderbare Sprichwort geprägt: »Lob ist wie eine Feder. Von Zeit zu Zeit ein Lob, und Menschen bekommen Flügel.«

»Es ist gut, dass du da bist. Mensch, ich hab dich gern.« Das können wir Menschen zueinander sagen, weil allem menschlichen Leben, ja allem, was da ist, eine Ur-Güte eingestiftet ist. Diese Überzeugung kommt in der biblischen Schöpfungserzählung zum Ausdruck, daran erinnert Phil Bosmans: »Gott erschuf das Licht, die Sonne und den Mond, den Tag und die Nacht, das Land und das Meer, die Blumen und die Bäume, grünes Gras, reine Luft und sauberes Wasser. Und Gott sah, dass es gut war.« Diese Überzeugung ist keine simple Feststellung, denn in unserer Welt, wie sie nun einmal ist, und in unserem Leben, wie es nun einmal ist, ist ja auch vieles festzustellen, was *nicht* gut ist. Von der Ur-Güte des Daseins überzeugt zu sein, dazu gehört ein großes Vertrauen, ein Ur-Vertrauen. Davon ist Phil Bosmans zutiefst überzeugt.

Es ist wie ein modernes Glaubensbekenntnis, wenn er sagt: »Ich glaube an das Gute, auch wenn so viele Menschen vom Bösen heimgesucht werden. Ich glaube an das Schöne, auch wenn das Hässliche in der Welt wuchert und die Verschmutzung tief in den Menschen dringt. Ich glaube an die Liebe, auch wenn man an Feindschaft festhält und den Hass anstachelt. Ich glaube, dass der Ur-Anfang des Guten Gott ist.«

DER SONNENGESANG

Als sein deutscher Verlag ihn einmal zu Werbezwecken einen »modernen Franziskus« nannte, missbilligte Phil Bosmans dieses Marketing und schrieb: »Entweder wissen Sie nicht, wer Franziskus ist oder wer Bosmans ist.« Und doch sehe ich, dass sich im Leben und in der Botschaft von Phil Bosmans so manches Franziskanische entdecken lässt: die Freude, die Liebe zu Gott und aller seiner Kreatur, das Wirken für Frieden und dafür, dass die Menschen in ihrer Not Gutes erfahren. »Pace e bene«, »Frieden und Gutes«, ist der franziskanische Gruß und Segenswunsch. Die vielen Texte von Phil Bosmans, in denen von der Sonne die Rede ist, lassen an den berühmtesten Text des Franz von Assisi denken, den Sonnengesang, den *Cantico di frate sole* – das »Lied vom Bruder Sonne«. Man weiß nicht, was unzählige Menschen an diesem hymnischen Gebet mehr fasziniert hat: die poetische Kraft, die Gottinnigkeit, die Schöpfungsliebe, die Zusammenschau von Kosmischem und Irdischem. Vor Franziskus war noch niemand auf die Idee gekommen, zum Beispiel die vier Elemente, aus denen sich nach uralter Vorstellung das Universum zusammensetzt (Luft, Wasser, Feuer, Erde) als »Bruder« und »Schwester« anzureden, eine Anrede, die uns auch heute noch oder gerade wieder unmittelbar berührt.

Darüber darf aber nicht vergessen werden, was in der ältesten Abschrift dieses berühmten Gedichtes einleitend vermerkt wird: »Hier beginnt das Loblied der Geschöpfe, das der selige Franziskus zum Lob und zur Ehre Gottes verfasst hat, als er krank bei San Damiano lag.« Es ist das Gebet eines Schwerkranken, also alles andere als ein unbekümmerter Ausdruck von spiritueller Naturschwärmerei. Franziskus dichtete das Lied ungefähr ein Jahr vor seinem Tod, fast blind, von Krankheiten geplagt, von Schmerzen gepeinigt, von »Mitleid mit sich selbst« (wie es in der alten Lebensbeschreibung heißt) niedergeschlagen. Wir würden heute sagen: Er hatte schwere Depressionen. Auch das war diesem »Spielmann Gottes« nicht fremd. Und dennoch bleibt er ganz davon durchdrungen, dass die Schöpfung ein Spiegel der göttlichen Schönheit und Güte ist. Auf diese Erfahrung antwortet das »Loblied der Geschöpfe«, in dem Bruder Franz alle Kreatur zum Gotteslob auffordert: Schwester Mond und die Sterne, Bruder Wind und Schwester Wasser, Bruder Feuer, »unsere Schwester Mutter Erde« und vor allem den »Herrn Bruder Sonne«: »Schön und strahlend im mächtigen Glanz ist er dein Sinnbild, du Höchster.«

Aufschlussreich ist der Hinweis eines führenden Mittelalter- und Franziskus-Forschers, *Raoul Manselli* (1917–1984). Damals (wie heute und zu allen Zeiten) machten sich Menschen Gedanken, woher das Böse komme. Wenn es so viel Schreckenerregendes in der Natur, so viel Grauenvolles im Menschenleben gibt, wie lässt sich das mit einem guten Schöpfer vereinbaren? Weitverbreitet waren zur Zeit des Franziskus Vorstellungen von einem bösen Prinzip. Mythische Vorstellungen, dass die Heerscharen Luzifers von Sonne und Mond und Sternen und dem ganzen Universum Besitz ergriffen und die Welt zu einer Hölle gemacht hätten. Gerade die einfachen armen Leute, die kein Latein, die Sprache der Gebildeten, verstanden, waren empfänglich für solche Ideen. Der Sonnengesang des Franz von Assisi ist auch eine Antwort auf solche Strömungen: Zum Bruder Sonne sagen: Du bist gut, heißt dann nichts anderes, als den Schöpfer für sein Werk zu loben: »Sei gelobt, mein Herr.« Und Franziskus sagt das nicht in der Gelehrtensprache, sondern in der Umgangssprache, um von allen verstanden zu werden.

Auch nach Jahrhunderten der Aufklärung und naturwissenschaftlichen Forschung sind Menschen heute für esoterische Mythologien über Ursprünge und Fortpflanzungsweisen des Bösen anfällig. Aber ob naturwissenschaftlich oder esoterisch unterwegs: Es herrscht weithin ein negatives Zeitklima, eine oft erschreckende Lebensfeindlichkeit. Ein Heilmittel gegen diese quälenden Leiden unserer Zeit ist die Botschaft von Phil Bosmans: Ich glaube an das Gute, auch wenn so viele Menschen vom Bösen heimgesucht werden. Ich glaube an die Liebe, auch wenn so viel Feindschaft herrscht. Ich glaube, dass der Ur-Anfang des Guten Gott ist. Gott gibt den Menschen auf tausendfältige, wunderbare Weise zu verstehen: Mensch, ich hab dich gern. Wenn wir das erfahren, können wir es auch unsererseits, in einem freundlichen Blick, in einer helfenden Tat, in einer herzlichen Umarmung unseren Mitmenschen zu verstehen geben: Mensch, ich hab dich gern. Vielleicht können wir sogar Gott selbst, laut oder leise oder ohne Worte, antworten: »Wunderbar, dass du da bist und dass deine Schöpfung so schön ist. Ich hab dich gern.«

wir sind gemacht
für die Freude

wir sind gemacht für die Freude

Eine Theorie der Freude wird man bei Phil Bosmans vergeblich suchen. Ihm geht es nicht darum, dass sich Menschen schöne oder auch komplizierte Gedanken über die Freude machen, sondern dass sie sich freuen. Man möchte meinen, das kann doch nicht so schwer sein. Irgendwie sehnen sich doch alle Menschen nach Glück und Freude. Und trotzdem sind so viele traurig und todunglücklich. Wie kommt das, und wie kann ihnen, wie kann uns geholfen werden?

»Die Freude flieht auf allen Wegen, der Ärger kommt uns gern entgegen.« Mit leisem und weisem Spott spricht Wilhelm Busch eine weitverbreitete Lebenserfahrung aus. Hierzulande ist immer wieder die Rede vom »Jammern auf hohem Niveau«. Von »Wohlstand« redet kein Mensch mehr, schon eher von »Wohlfühlen«. Mehr *Wellness* war nie, könnte man meinen. Aber wie das oft so ist: Je mehr interessierte Kreise von »Wohlfühlen« reden, desto weniger wohl fühlen sich die Leute. Immer lauter und unüberhörbarer werden die Klagelieder über Einschränkungen und Verluste. »Zum Leiden bin ich auserkoren«, singt die Königin der Nacht in *Mozarts* »Zauberflöte«. Sind wir zu solchen Wesen der Nacht geworden, die nur noch schwarzsehen und für die es nichts zu lachen gibt?

Der Pessimismus hat seine Ahnen. Einer der einflussreichsten Denker des neunzehnten Jahrhunderts, *Georg Wilhelm Friedrich Hegel* (1770–1831), vergleicht einmal die Weltgeschichte mit den Seiten eines Buches; darin seien aber die Perioden des Glücks unbeschrieben geblieben, nur »leere Blätter«. Im zwanzigsten Jahrhundert ist ein großer Gelehrter, der das Wissen um die Seele des Menschen revolutioniert hat, *Sigmund Freud* (1856–1939), überzeugt: »Die Absicht, dass der Mensch glücklich sei, ist im Plan der Schöpfung nicht vorgesehen.« Die Wissenschaft hat mit Kritik sehr viel und mit Freude nichts tun. Dieser Ansicht scheint jedenfalls der Philosoph *Theodor W. Adorno* (1903–1969) gewesen zu sein. Vor rund fünfzig Jahren fand er, dass eine so grundlegende Wissenschaft wie die Philosophie doch nichts anderes sei als eine »traurige Wissenschaft«.

Die optimistischen Zukunftsträume vergangener Zeiten haben sich in Albträume verwandelt. Der Fortschritt mit seinen weltverändernden Errungenschaften ist brüchig geworden und stößt auf vielfache Kritik zum Beispiel im Blick auf die Folgen für die Umwelt. Vor zweihundert Jahren hatte *Friedrich Schiller* (1759–1805) noch »Freude schöner Götterfunken« gedichtet. Auch wenn die berühmte Beethoven-Melodie inzwischen seit 1985 zur offiziellen Europa-Hymne avanciert ist, das hochgemute Freudenpathos von einst klingt heute fremd. Mehr als Freude oder Glück prägen diffuse Ängste und Kritik den Zeitgeist.

Freilich sind an der Verdüsterung der Freude nicht einfach Dichter und Denker oder Politik, Wirtschaft und Medien schuld. Und sie ist auch nicht nur eine Sache der Veranlagung und des Temperaments, obwohl nicht wenige Menschen an solch einem dunklen Erbe ihr Leben lang leiden. Ein Hauptgrund liegt ohne Zweifel in den schlimmen Erfahrungen, die Menschen in ihrem Leben durchmachen. Das Leben vieler Menschen ist auf Moll gestimmt, auf den dunklen Klageton: Warum? Warum so viel Not und so viel Tod? Wer die Geschichte der Menschheit durch eine schwarze Brille sieht, erkennt in ihr vor allem eine Aneinanderreihung von Kriegen, Hunger, Dürre, Überschwemmungen, Seuchen. Nicht erst unsere Zeit und jüngste Vergangenheit verzeichnet Katastrophen von unvorstellbarem Ausmaß. In der Zeit des Dreißigjährigen Krieges (1618–1648), also vor vierhundert Jahren, ist ungefähr die Hälfte der gesamten mitteleuropäischen Bevölkerung ums Leben gekommen.

GEH AUS, MEIN HERZ, UND SUCHE FREUD

Mitten in diesem katastrophischen siebzehnten Jahrhundert schrieb der lutherische Pfarrer und Dichter *Paul Gerhardt* (1607–1676) ein von Freude überschäumendes Sommerlied: »Geh aus, mein Herz, und suche Freud / in dieser lieben Sommerzeit / an deines Gottes Gaben; / Schau an der schönen Gärten Zier, / und siehe, wie sie mir und dir / sich ausgeschmücket haben.« Sein Lied enthält Zeilen von hinreißender Anschaulichkeit und Innigkeit: »Narzissus und die Tulipan, / die ziehen sich viel schöner an / als Salomonis Seide« oder »Die Glucke führt ihr Völklein aus, / der Storch baut und bewohnt sein Haus, / das Schwälblein speist ihr Jungen«.

Dabei handelt es sich nicht einfach um pure Naturlyrik; die Freuden des irdischen Sommers sollen uns einstimmen auf den »Sommer deiner (Gottes) Gnad«, wie es in der letzten Strophe heißt: »Erwähle mich zum Paradeis / und lass mich bis zur letzten Reis / an Leib und Seele grünen, / so will ich dir und deiner Ehr / allein und sonsten keinem mehr / hier und dort ewig dienen.«

Paul Gerhardts ganze Dichtung könnte man mit der Überschrift eines seiner Lieder kennzeichnen: »Trostgesang in Schwermut und Anfechtung«. Viele Opfer in den Nazi-Gefängnissen haben bekannt, wie viel Kraft sie aus seinen Liedern geschöpft haben. Im November 1943 schreibt *Dietrich Bonhoeffer (1906–1945)* aus der Haft: »In den ersten zwölf Tagen, in denen ich hier als Schwerverbrecher abgesondert und behandelt wurde – meine Nachbarzellen sind bis heute fast nur mit gefesselten Todeskandidaten belegt –, hat sich Paul Gerhardt in ungeahnter Weise bewährt.« Auch wenn manches in seiner poetischen Sprache und Empfindung dem barocken Zeitgeschmack verpflichtet ist, den wir heute schwerlich nachvollziehen können, unvergleichlich wichtiger ist die Glaubenskraft, das buchstäblich ansteckende Vertrauen auf

Gott, der so gut zu uns ist, auch wenn wir das nicht, noch nicht begreifen.

ICH BRAUCHE NICHTS ZU BESITZEN, UM AN ALLEM FREUDE ZU HABEN

Immer wieder gibt es Menschen, die auch in verzweifelten und lebensmüden Zeiten die Hoffnung entdecken, Zuversicht ausstrahlen und bei ihren geplagten Mitmenschen wieder den Glauben an die Freude wecken. Phil Bosmans gehört zu ihnen. Was er über die Freude äußert, spricht er aus eigener Lebenserfahrung: »Kannst du dich an einer Blume freuen, an einem Lächeln, am Spiel eines Kindes, dann bist du reicher und glücklicher als ein Millionär, der alles hat, was er sich nur wünschen kann, und der doch unbefriedigt bleibt und an nichts mehr Freude hat, weil er schon alles kennt und alles erlebt hat.« Daraus zieht er die kühne Folgerung: »Ich brauche nichts zu besitzen, um an allem Freude zu haben. Es gibt so viele Überraschungen, so viel Gutes, wenn ich auf die kleinen Dinge schaue und auf die kleinen, die einfachen Menschen. Es gibt so viele Wunder, die ich entdecken kann.« Diese Erfahrung spricht er immer wieder neu aus: »Es gibt so viele Bäume, so viele Vögel und Blumen, so viele Wunder um uns, die nur darauf warten, einen Menschen von seiner Traurigkeit zu heilen. Freude an den kleinen täglichen Wundern: Das ist der Schlüssel, um jeden Tag ein bisschen glücklich zu sein.«

Wie sehen sie aus, diese kleinen täglichen Wunder? »Wandern in der freien Natur. Arbeiten mit den Händen. Essen, wenn man Hunger hat. Schlafen, wenn man müde ist. Radfahren und im Garten arbeiten. Sprechen mit den Pflanzen. Pfeifen mit den Vögeln.« An einer anderen Stelle formuliert Phil Bosmans: »Meine Augen sind da für das Licht, für das Grün des Frühlings, für das Weiß des Schnees, für das Grau der Wolken und das Blau des Himmels, für die Sterne in der Nacht und für das unglaubliche Wunder, dass es so viel wunderbare Menschen um mich gibt.« Aber er weiß auch, dass wir meistens sehen und doch nicht sehen: »Unser Leben ist von Wundern umgeben, die unser Herz erfreuen wollen, aber wir sehen sie nicht. Weil wir nur unsere Augen aufmachen, aber nicht unser Herz. Weil wir die Dinge und Menschen, die uns entgegenkommen, nicht von Herzen gern haben. Du wirst niemals glücklich sein, wenn du keine Freude finden kannst an der Sonne, die scheint, an der Blume, die blüht, an dem Kind, das dich anlacht.«

Zu den Wundern, die Phil Bosmans selbst für sich entdeckt hat, gehörten die Heilkräuter, die er im Garten hinter dem Kloster, in dem er wohnte, anpflanzte und deren Namen und Wirkungen er genau kannte. Auf dem Hintergrund dieser Erfahrung macht er den Vorschlag: »Lerne die Namen der Bäume und Blumen, die Namen der Vögel und Fische und den Namen Gottes. Öffne dich für seine Wunder. Öffne deinen Geist für das Licht. Öffne dein Herz für die Freude.«

Menschen suchen Freude, auch wenn es gar nicht so einfach ist, »Freude« ins Wort zu fassen. Wenn wir sie packen und festhalten wollen, greifen wir oft genug ins Leere. Wenn wir etwa versuchen, anderen zu vermitteln, was uns einmal in einem Augenblick des Glücks beseelt hat, welche Freude da unser ganzes Inneres gleichsam durchflutet hat, dann spüren wir mit einer gewissen Wehmut, dass man es eigentlich gar nicht recht auszudrücken vermag. Nicht selten ist dann – völlig zu Recht – die Rede von einer *unbeschreiblichen* Freude. Freude ist auch nicht ohne Weiteres wiederholbar. Wir können vergangene Glücksmomente nicht einfach in die Gegenwart zurückholen. Aber wir erfahren auch umgekehrt, wie schwer es ist, sich vom Unglück des Augenblicks wieder zu lösen. Wenn uns dunkle Gefühle der Angst und Sorge niederdrücken und alle Lebensfreude ersticken, dann können wir das nicht einfach abschütteln. Unser Verstand versucht unserem Willen vernünftige Befehle oder gutgemeinte Ratschläge zu geben – das kann auch von manchmal allzu mitfühlenden Mitmenschen kommen –, er hat es schwer, gegen scheinbar übermächtige Gefühle anzukämpfen. Sie wurzeln in Tiefenschichten unserer Person, prägen unsere ganze Lebensempfindung. Man könnte auch mit einem musikalischen Begriff von »Stimmung« sprechen. Manchmal sind wir in Hochstimmung und dann wieder total verstimmt, tief niedergeschlagen. Es ist wie mit dem Wetter und seinen Hochs und Tiefs. Phil Bosmans hat dieses Auf und Ab des Menschenlebens nicht nur wunderbar treffend beschrieben, sondern als einen unumgänglichen Weg zu immer tieferer Lebensfreude aufgezeigt: »Seltsames, unbegreifliches Menschenleben. Es gibt Tage, da scheint die Sonne. Du lachst, du möchtest vor Freude springen. Und du weißt nicht, warum. Doch auf einmal ist alles wieder anders. Dunkle Nacht, schwarze Trauer überfällt dich. Du denkst: So wird es immer weitergehen, dieser Zustand wird sich nicht mehr ändern. Und du weißt nicht, warum. – Warum muss das so sein? Weil der Mensch ein Stück Natur ist, mit Frühlingstagen und Herbsttagen, mit der Wärme des Sommers und der Kälte des Winters. Weil der Mensch dem Rhythmus des Meeres folgt: Ebbe und Flut. Weil unser Dasein eine ständige Wiederholung ist von Leben und Sterben. – Wenn du das begreifst, kannst du wieder weiter mit Mut, voller Vertrauen, denn dann weißt du: Auf jede Nacht folgt ein neuer Morgen. Wenn du dazu Ja sagst, wenn du das annimmst, wirst du durch dieses Auf und Ab zu immer größerer Lebenstiefe und Lebensfreude finden.«

IN JEDER BLUME, DIE BLÜHT

Wer eine Maiwanderung im Kaiserstuhl, der wärmsten Gegend Deutschlands, macht, kann von der Fülle einer blühenden Wiese im Naturschutzgebiet überwältigt werden: knallrote Kartäusernelken, hellgelber Klappertopf, blassblaue

Skabiosen, rosa Esparsetten, sternengleiche weiße Margeriten, leuchtend gelbe Arnika, königsblauer Salbei, viele kleine, aber feine Vergissmeinnicht, ab und zu die Dolde einer seltenen Orchidee, und dazwischen wiegt sich das Gras im sanften Wind. Blumen mit ihrer tausendfältigen Schönheit verströmen so etwas wie Freude, Daseinsfreude.

Mit Blumen sagen wir anderen Menschen, dass wir sie gern haben. Blumen sind besondere Freunde von Phil Bosmans, und er sagt uns auch, warum: »Blumen haben keine Hände. Sie wachsen. Sie blühen. Sie geben, was sie sind: Schönheit und Freude. Sie greifen nach nichts. Sie nehmen sich nichts, ausgenommen die Sonne, und die scheint für alle.« Blumen sprechen zu uns, davon ist Phil Bosmans überzeugt: »Hör mal den Blumen zu, wenn sie miteinander reden: ›Menschen müssen krank sein. Wir leben in einem Paradies, aber Menschen in ihrer Unersättlichkeit und Rücksichtslosigkeit zerstören das Paradies.‹ Die ganze Natur spricht. Aber wer kann hören? Wer hat heute Ohren und ein Herz, um ihre wortlose Sprache zu verstehen?«

Für Phil Bosmans ist die Natur ein wunderbares Gewebe. Die Wolken am Himmel, das Wasser in den Flüssen, die Vögel in der Luft, die Fische im Meer, die Blumen und Bäume, die bunten Schmetterlinge und kleinen Käfer – alles ist miteinander verbunden. Und in diesem wunderbaren Gewebe ist auf geheimnisvolle Weise Gott gegenwärtig. Auch davon ist Phil Bosmans überzeugt: »In allem, was lebt, hat Gott eine Spur seiner Liebe hinterlassen. In jedem Grashalm entdecke ich seine

Signatur. In jeder Blume, die blüht, sagt Gott, dass er mich gern hat. In jedem Vogel, der singt, höre ich seine Liebe. In jeder Hand, die mich stützt, spüre ich seine Sorge um mich.«

OHNE WARUM

Warum blühen die Blumen? Alle sehr vernünftigen Antworten, die man darauf geben kann, greifen letzten Endes zu kurz. Es ist eine Frage, die im Grunde so offen bleibt wie die Frage: Warum liebt die Liebe? Auch sie kennt letztlich kein Warum. »Die Ros' ist ohn Warum, sie blühet, weil sie blühet. / Sie acht't nicht ihrer selbst, fragt nicht, ob man sie siehet.« Dieser Sinnspruch stammt nicht von Phil Bosmans, aber er klingt doch ähnlich wie zum Beispiel folgender Satz bei ihm: »Blumen blühen, auch wenn keiner zuschaut. Bäume tragen Früchte, ohne zu fragen, wer sie isst.« Die Ähnlichkeit verweist auf die Verwandtschaft ähnlich gestimmter Seelen über Jahrhunderte hinweg, ohne dass sie je voneinander gehört hätten. »Die Ros' ist ohn Warum, sie blühet, weil sie blühet. / Sie acht't nicht ihrer selbst, fragt nicht, ob man sie siehet.« Dieser Satz stammt von *Johannes Scheffler* (1624–1677), der später den Dichternamen *Angelus Silesius*, »Bote aus Schlesien«, annahm. Der gebürtige Breslauer und studierte Arzt lebte im gleichen Jahrhundert wie Paul Gerhardt, aber bekannt geblieben ist er bis heute als mystischer Dichter, vor allem durch sein 1657 erstmals erschienenes, berühmtes Buch mit mystischen Sinnsprüchen »Cherubinischer Wandersmann«. Als ich diesen Satz entdeckte, fühlte ich mich bestätigt, dass es doch wohl nicht ganz verkehrt war, auch Phil Bosmans einen »Mystiker« zu nennen, aber gewissermaßen einen »heimlichen«, dem man es nicht anmerkt, geschweige denn, dass er selbst darüber gesprochen hätte.

VIELE WEGE ZUR FREUDE

Freude gibt es nicht im luftleeren Raum. Der Mensch freut sich, wenn er Grund dazu hat, und als ein bedürftiges Wesen, das allein schon alle paar Sekunden Luft zum Leben braucht, gibt es mehr Grund dazu, als uns gewöhnlich bewusst wird, weil wir so vieles für selbstverständlich halten. Wenn elementare Bedürfnisse wie Hunger und Durst gestillt werden und alles schön trocken und warm ist, strahlt schon der satte Säugling vor Wohlbehagen. Das ganze Leben lang begleitet uns die Sorge um menschliche Grundbedürfnisse wie Nahrung, Kleidung, Wohnung, Arbeit, Erholung. Vielleicht noch stärker und intensiver verlangen wir nach menschlicher Nähe und Geborgenheit, nach Wissen und Wahrheit, nach Freundschaft und Liebe. Wenn alle diese Bedürfnisse des Leibes und der Seele und des Geistes gestillt werden, empfinden wir so etwas wie Freude, mal stärker, mal schwächer, und oft wird es uns gar nicht bewusst, weil wir es für selbstverständlich halten.

Es gibt viele Wege zur Freude, aber sie können sehr lang sein und auch zu Irrwegen werden. Nicht überall, wo Freude drauf steht, ist auch Freude drin. Am Anfang schien es eine ganz harmlose Freude zu sein, die man nur mal ausprobieren, mit der man seinen Ärger herunterspülen oder sein Elend vergessen wollte, und am Ende steht vielleicht eine kaum mehr zu heilende Suchtkrankheit. Was sich der Freude leicht in den Weg stellt, ist immer wieder die ungezügelte Triebhaftigkeit, die törichte Gier, immer mehr haben zu wollen. »Mach dich davon frei«, sagt Phil Bosmans: »Reinige deinen Kopf von der Jagd nach immer mehr. Entwirre dein Herz von den tausend Verstrickungen in verrückte Begierden. Löse dich von Dingen, die du nicht brauchst. Mach dich zum Leben auf, lebe! Freude wird deinen Geist erfüllen, Mut zum Leben. Deine Augen sehen wieder die Blume, die blüht. Deine Ohren hören wieder den Vogel, der zwitschert. Herrlich schmeckt ein Stück Brot, ein Glas frisches Wasser. Wenn die Sonne scheint, fängst du an zu tanzen, und im Regen kannst du pfeifen. Und du wirst spüren: Wir sind gemacht für die Freude.«

So ist der Weg zur Freude auch ein Weg der Reinigung des Herzens, der Befreiung von versklavenden Angewohnheiten, der Lösung von selbstverschuldeten Belastungen: »Um genießen zu können, musst du frei sein. Frei von Gier, frei von Neid, frei von einer Leidenschaft, die dich zerreißt und zerstört.« Dann aber gilt: »Wenn du genießen kannst, kannst du lachen. Du freust dich. Du bist dankbar, dass jeden Morgen die Sonne für dich aufgeht. Du triffst freundliche Menschen. Die Freundschaft Gottes kommt dir entgegen in jedem Lächeln, in jeder Blume, in jedem guten Wort, in jedem warmen Händedruck, in jeder Umarmung. Wenn du kleine Dinge in aller Ruhe genießen kannst, dann wohnst du in einem Garten voller Seligkeit.« Immer wieder kommt Phil Bosmans darauf zurück: »Mit wenig zufrieden sein und viel genießen ist die Kunst und das Glück von wirklich freien Menschen.«

FREUDE IST DIE SCHÖNSTE FRUCHT DER LIEBE

Freude ist ansteckend. Wie die Liebe will sie sich mitteilen. Wo Liebe gesät wird, wächst Freude; sie ist die Blüte und die Frucht der Liebe. Der Mensch ist auf die Liebe hin programmiert. Selbst wenn wir, um im Bild des Computers zu bleiben, manchmal erleben, dass ins Programm gefährliche Viren eingeschleust werden oder dass die Vernetzungen im Computer zusammenbrechen, dass er »abstürzt«, dennoch bleibt das Lebensprogramm des Menschen auf Liebe ausgerichtet, oder wie es Phil Bosmans in seiner zu Herzen gehenden Sprache sagt: »Mein Mund ist da für ein liebes Wort, auf das ein anderer wartet. Meine Lippen sind da für einen Kuss und meine Hände, um zärtlich und sanft zu sein, um Leidenden zu helfen. Meine Füße sind da, um zum Nächsten zu gehen. Und mein Herz ist da, um Menschen, die in Einsamkeit und Kälte leben, Nähe, Wärme und Liebe zu schenken.«

Die Freude, Liebe zu schenken, ebenso wie die Freude, sich geliebt zu wissen, steht den Schmerzen gegenüber, mit der Liebe verbunden ist. »Niemals sind wie ungeschützter gegen das Leiden, als wenn wir lieben, schreibt *Sigmund Freud*, der Begründer der Psychoanalyse. Das Gleiche weiß bereits der Autor eines frommen Buches, das 1470 erstmals gedruckt wurde und nach der Bibel wohl immer noch das am meisten verbreitete, in 95 Sprachen übersetzte religiöse Buch ist: *Thomas von Kempens* »Nachfolge Christi«. Darin heißt es: »Liebe irgend etwas – und dein Herz wird ganz gewiss Qual erleiden.«

Wir können nicht die Augen vor der Erfahrung verschließen, dass unsere Suche nach Freude immer wieder von Leid durchkreuzt wird, von Sorgen und Ängsten, Schmerzen und Tränen. Phil Bosmans schrieb mir aus seiner Erfahrung dazu in einem Brief: »Gott ist ein machtloser Gott. Er hat sich selbst den Händen der Menschen ausgeliefert. Wir haben Gott in Händen. Wir können ihn ablehnen, oder wir können ihn annehmen. Wenn wir ihn ablehnen, werden wir immer tiefer in Verwirrung und Finsternis versinken, in einer endlosen Nacht. Wenn wir ihn annehmen und in unserem Leben ›Mensch‹ werden lassen, dann werden wir zum Leben auferstehen, dann wird uns Freude zuteil, und dann beginnt in jedem von uns eine neue Welt. Die Geschichte des Christen ist die Geschichte des Saatkorns, des ewigen Verlierers, aber wenn das Korn blüht, jauchzt die ganze Erde.

Warum lebt trotz allem Leid in Menschen doch Hoffnung, Hoffnung auf Leben, auf ewiges Leben? Jemand hat die Fackel der

Hoffnung entzündet und hält sie brennend. Hier offenbart sich eine geheimnisvolle Kraft, von der sich die Flamme dieser Fackel nährt. Hier erscheint ein Gott, der ›Liebe‹ ist. Die Biografien von Menschen, die mit ihrer Weisheit und Güte aus dem Rahmen des Durchschnittlichen fallen, stimmen immer in einem Punkt überein: Alle diese Menschen sind durch Leiden hindurch gegangen und in der Prüfung groß geworden.«

Zu solchen Menschen, die sich dem Gedächtnis von Jahrhunderten unauslöschlich eingeprägt haben, zählt eine Frau, die zur gleichen Zeit wie *Franz von Assisi* lebte und in der liebenden Zuwendung zu Menschen in Not ihre Kräfte und ihr nicht geringes Vermögen verausgabt hat: *Elisabeth von Thüringen* (1207–1231). Sie hat kein Buch geschrieben, schriftliche Zeugnisse von ihrer Hand fehlen völlig, und es sind auch nur ganz wenige Sätze von ihr überliefert. Einer lautet: »Seht, ich habe es immer gesagt, man muss die Menschen froh machen!«

Menschen in Not helfen und Menschen froh machen hat Voraussetzungen. Phil Bosmans sagt dazu in unnachahmlicher Kürze: »Wer Menschen helfen will, muss von Liebe erfüllt sein. Wer Menschen froh machen will, muss Freude in sich haben.« Für ihn liegt der Grund dieser Freude in Gott, und manchmal durfte er das erfahren.

Das beschreibt er so: »Gott ist meine Oase. Er ruft mich aus der Wüste heraus und will mir die Wunder in seinem Garten zu kosten geben, die Gaben seines Herzens, die Früchte seines Geistes. Doch wie sehr wir auch Gott als Oase erfahren haben, solange wir Menschen auf Erden sind, gibt es Wüstentage. Wahre Oasentage sind eher selten.« *Blaise Pascal*, Physiker, Mathematiker und Philosoph, hatte in der Nacht des 23. November 1654 eine einzigartige Gotteserfahrung, die er gleich auf einem Blatt aufschrieb, um sie während der »Wüstentage« des Lebens nicht mehr zu vergessen. Nach seinem Tod fand man das Blatt eingenäht in seiner Jacke. In der Mitte des Blattes stehen die Worte, die auf das aufmerksam machen, was mit aller echten Gotteserfahrung verbunden ist: »Freude, Freude, Freude, Tränen der Freude.« Mit den Worten von Phil Bosmans: »Gott hat die Menschen für die Freude gemacht.«

Heute leb ich,
heute hab ich' Zeit

Heute leb ich, heute hab ich Zeit

»Heute leb ich, heute hab ich Zeit«. Immer wieder kommt Phil Bosmans auf das »Heute« zusprechen: »Heute musst du leben. Heute ist der Tag, um glücklich zu sein.« Oder zugespitzt: »Du lebst nur einen Tag – heute«. Offenbar ist es gar nicht so einfach, in der Gegenwart, im Heute zu leben. Oft denken wir voller Sorgen und Ängste an die Zukunft, an morgen. Und wenn wir aufs Gestern schauen, auf die Vergangenheit, kann uns Wehmut beschleichen, weil sie so unerbittlich vorbei ist, weil wir nichts an ihr ändern können, Versäumtes kaum mehr nachholen und Verfehltes oft nicht wieder gutmachen können. Für ein glückliches Leben ist es von größter Bedeutung, wie wir mit dem vielleicht kostbarsten Gut umgehen, das uns geschenkt wird, das wir oft wenig achten und das doch unser Leben bis in die letzten Fasern durchdringt, mit der Zeit.

In dem 1973 erschienenen Märchen-Roman »Momo« von *Michael Ende* (1929–1995) beginnt das sechste Kapitel mit dem Hinweis auf ein großes und doch alltägliches Geheimnis, so alltäglich, dass die meisten Menschen es einfach hinnehmen und sich kein bisschen darüber wundern. »Dieses Geheimnis ist die Zeit.« Und doch hat das Geheimnis der Zeit immer wieder, auf ganz verschiedene Weise, die Menschen in Staunen versetzt. Die nachdenklichsten Geister der Menschheit haben sich über die Zeit den Kopf zerbrochen. Auch Phil Bosmans kommt immer wieder darauf zu sprechen, aber nicht in gedanklichen Höhenflügen, sondern in manchmal verblüffend konkreten Beobachtungen: »Die Zeiger der Uhr: Wenn wir lachen, fliegen sie. Wenn wir warten, kriechen sie.« Der Eindruck täuscht, den der gleichmäßige Gang der Uhren, Stunde um Stunde, und die gleichmäßige Abfolge der Kalenderblätter, ein Tag nach dem anderen, leicht erwecken kann. Denn Zeit erleben wir ganz unterschiedlich. Mal vergeht sie wie im Flug, ein andermal kommt sie uns todlangweilig oder unendlich zäh vor. Oder mit Worten von Bosmans: »Ein Tag, der ist so schnell um. Aber eine Minute, die dauert manchmal eine Ewigkeit.«

Es scheint paradox: Je perfektere Uhren wir haben, funkgesteuerte, Millisekunden registrierende Chronometer, desto weniger Zeit haben wir. Alles muss schneller gehen, um möglichst Zeit zu gewinnen. Und was gewinnen wir dabei? Was haben wir mehr, wenn wir weniger Zeit haben? Wir haben vielleicht mehr Geld, aber haben wir auch mehr Leben? Michael Endes Märchenroman »Momo« trägt den Untertitel »Die seltsame Geschichte von den Zeit-Dieben und von dem Kind, das den Menschen die gestohlene Zeit zurückbrachte«. Es erzählt von »grauen Herren«, die die Menschen zum Zeitsparen auffordern, ihnen tatsächlich aber die Zeit stahlen. Denn: »Zeit ist Leben. Und das Leben wohnt im Herzen. Und je mehr die Menschen daran sparten, desto weniger hatten sie.« Diese letzten Sätze könnten auch von Phil Bosmans stammen. »Noch nie«, sagt er, »gab es so viele gehetzte Menschen. Väter und Mütter warten endlos auf den Besuch ihrer Kinder: Die haben keine Zeit. Kranke und Alte sehen die Gesunden und die Jungen vorbeihasten: Die haben es so eilig. Ehepartner werden sich fremd: Sie haben keine Zeit füreinander.« Gehetzte Menschen: Ständig haben sie Termine wahrzunehmen, bis sie schließlich außer Terminen nichts mehr wahrnehmen – weder die Wunder der Natur noch die Wirklichkeit der Menschen um sie herum, ihr Lachen und ihr Weinen. Aber das Leben ist – mit den eindringlichen Bildern von Phil Bosmans gesprochen – keine Schnellstraße zwischen Wiege und Grab, es ist auch Platz für Ruhe da, Platz zum Parken in der Sonne. Gibt es ein Heilmittel gegen das lückenlos verplante Leben? Phil Bosmans rät: »Ich mache dir einen Vorschlag. Tu einmal – nichts! Komm endlich zur Ruhe. Tilge aus deinem Leben das tödliche ›Ich habe keine Zeit‹. Hör auf mit dem mörderischen Tempo. Nimm dir Zeit, ein Mensch zu sein, ein guter Mensch für deine Mitmenschen zu sein.« Mit anderen Worten: Nimm dir Zeit, zu lieben. Wer liebt, hat Zeit.

HEUTE MUSST DU LEBEN!

Im Jahr 1748 schreibt der berühmte nordamerikanische Staatsmann, Schriftsteller und Physiker *Benjamin Franklin* (1706–1790) ein Buch »Ratschlag an einen jungen Geschäftsmann«, und darin findet sich bereits das geflügelte Wort: *Remember that time is money* – »Denk dran: Zeit ist Geld.« Franklin, der nicht nur zu den Gründungsvätern der amerikanischen Verfassung gehört, sondern von dem auch eine so segensreiche Erfindung wie der Blitzableiter stammt, ist so etwas wie der Inbegriff des erfolgsorientierten amerikanischen Realitätssinns. Vielleicht meinte der sparsame Puritaner nur, dass Zeit kostbar ist und man mit ihr haushälterisch umgehen muss, so ähnlich wie mit dem sprichwörtlichen (aus der Bibel stammenden) Pfund, das man sich nicht unters Kopfkissen legen darf, sondern mit dem man wuchern muss. Es gehört zu den Versuchungen aller Generationen, das Geld groß zu schreiben, an die Spitze der Werteskala zu stellen und zum Gott zu machen. Diesem Gott hat sich dann alles unterzuordnen, selbst die Zeit. Wir erleben heute ganz neue, globale Inszenierungen, sozusagen Welturaufführungen vom Tanz ums Goldene Kalb.

»Wir erleben einen fantastischen Fortschritt«, schreibt Phil Bosmans, »aber die Menschen sehen nicht glücklich dabei aus. Der Motor des Fortschritts heißt: Zeit ist Geld, aber die Menschen werden in dieser Maschinerie zermahlen. Zeit ist Geld, sagt man, und Geld sei der Nerv des Lebens, der Mist, auf dem alles wachse. Aber das ist eine Lüge. Vielleicht die größte Lüge unserer Epoche. Kein Wunder, dass so viele festsitzen, fertig mit den Nerven. Sie finden keine Freude. Und sie suchen Geld, um das Glück zu kaufen. Sie wollen immer mehr Geld und wissen nie, wann sie genug haben. Sie machen sich kaputt im unerbittlichen Räderwerk der ›Zeit ist Geld‹-Maschine.« Was können wir, was sollen wir dagegen machen? Sein Rat ist verblüffend einfach: »Stell die Maschine ab, halt die Uhr an, fülle die Zeit mit Liebe!«

Wir kennen alle noch das ein wenig aus der Mode gekommene Sprichwort: »Morgen, morgen, nur nicht heute ...« Damit wurde allen »faulen Leuten« ins Gewissen geredet, die Zeit nicht zu vertrödeln. Sozusagen eine Kriegserklärung an den verderblichen Hang des Menschen zu Bequemlichkeit, Lust und Laune. Ein moralisches Druckmittel, sich endlich aufzuraffen und höchst unangenehme Arbeiten zu erledigen wie zum Beispiel Schularbeiten, in denen es vielleicht um die verschiedenen Zeitformen – Perfekt, Präsens, Futur – ging. Vergangenheit, das war gestern, Gegenwart, das haben wir heute, und Zukunft, das kommt morgen dran. In der Grammatik des Lebens freilich bekommen diese Zeiten einen anderen Klang und ein ganz anderes Gewicht. Schier unerträglich können Sorgen vor der dunklen Zukunft werden. Immer wieder suchen uns die schwarzen Schatten der Vergangenheit heim. Und vor einer bedrückenden Situation in der Gegenwart möchten wir manchmal am liebsten fliehen. Wir können dann melancholisch in Erinnerungen an goldene Stunden von früher schwelgen oder uns, jenseits aller Realität, an Illusionen über die Zukunft berauschen. Aber, so sagt Phil Bosmans: »Du lebst nur einen Tag: Heute! Um wirklich zu leben, musst du heute leben. Das Leben ist kurz und geht schnell vorbei. Wenn du heute nicht lebst, hast du den Tag verloren. Verdüstere deinen Geist nicht mit Angst und Sorgen von morgen. Beschwere dein Herz nicht mit dem ganzen Elend von gestern. Verliere dich nicht ins Gestern oder ins Morgen. Heute musst du leben. Heute musst du glücklich sein.« Ähnlichen Aussagen kann man im Weisheitsschatz der Menschheit immer wieder begegnen. Kein Wunder, denn Menschen wahrer Lebensweisheit sind über die Zeiten, Kulturen, Religionen hinweg so etwas wie Geistes- und Herzensverwandte.

Zu solchen lebensweisen Menschen gehört die nicht nur von Kindern heiß geliebte schwedische Schriftstellerin *Astrid Lindgren* (1907–2002). In ihrem Buch »Ferien auf Saltkrokan« geht es um die Sommerferien. Pelle, eins der Kinder, grault sich schon vor dem grässlichen Tag, da sie wieder in die Stadt zurückmüssen. Pelle hat einen alten Kamm mit so vielen Zähnen, wie die Sommerferien Tage hatten; so brach er jeden Tag einen Zahn aus dem Kamm und sah, wie die Sommerzeit immer kürzer wurde. Eines Tages entdeckt sein Vater den Kamm und nimmt ihn an sich. Pelle solle den Tag von heute genießen, den sonnigen Morgen, das sei das Leben voller Glück. Und er begründet sein Handeln mit dem Zitat aus einem Buch, das er gerade liest: »Dieser Tag ein Leben, und das bedeutet, man soll gerade an diesem Tag so leben, als hätte man nur diesen einen. Man soll auf jeden Augenblick achtgeben und spüren, dass man wirklich lebt.'«

Wie viel Lebensweisheit doch in Kinderbüchern stecken kann, wenn sie nicht nur spannend und fantasievoll, sondern auch voller Lebensweisheit sind wie bei Astrid Lindgren oder Michael Ende! Leben heute, im Präsens, in der Gegenwart – diesem Thema begegnen wir bei Denkern zu allen Zeit. Die auf Notizzetteln festgehaltenen »Gedanken« (*Pensées*) von *Blaise Pascal*, einem scharfsinnigen Erforscher der Abgründigkeit des Menschen, gingen in die Weltliteratur ein.

Eines dieser Fragmente lautet: »Nie halten wir uns an die gegenwärtige Zeit. Wir nehmen das Zukünftige vorweg, als käme es zu langsam, oder wir rufen das Vergangene zurück, um es festzuhalten, als entschwände es zu rasch. So dumm sind wir, dass wir in den Zeiten umherirren, die überhaupt nicht unser sind, und an die einzige Zeit, die uns gehört, gar nicht denken. (...) Jeder prüfe seine Gedanken: Er wird sie allesamt mit Vergangenem und Zukünftigem beschäftigt finden. Kaum je halten wir uns beim Gegenwärtigen auf.« Woran liegt das, dass wir uns so wenig an die Gegenwart, an das

Heute halten? Die Antwort, die Blaise Pascal nahelegt, lautet ungefähr so: Wir können uns an vergangenes Glück oder Unglück so fest anklammern, dass wir kaum mehr davon loskommen. Was früher war, was früher einmal geschehen ist, kann in unserer Erinnerung einen so starken Sog ausüben, dass wir davon nicht mehr frei werden. So leben wir schließlich mehr in der Vergangenheit als in der Gegenwart. Eine zweite Antwort könnte man so umschreiben: Wir sind ständig auf das Kommende ausgerichtet, auf die Aufgaben, die vor uns liegen, auf die Arbeit, die auf uns wartet, oder die Arbeitslosigkeit, die auf uns lastet, auf die Wünsche, die wir uns und anderen erfüllen möchten, auf Sorgen und Ängste, die über uns herfallen und uns pausenlos peinigen. So denken wir unentwegt an die Zukunft, an das, was auf uns zukommen wird, wie schon das Wort sagt, und dann malt sich unsere Fantasie noch zusätzlich aus, was alles an Übeln passieren könnte.

FLUCHTWEGE UND RETTUNGSWEGE

Was Pascal von dieser Situation des Menschen zwischen Vergangenheit und Zukunft sagt und von der bleibenden Versuchung, vor der Gegenwart zu fliehen, hat jede und jeder wohl selbst erfahren: Am Morgen eines jeden Tages klopft es an der Tür unseres Herzens. Es ist das Leben, das draußen steht. Werden wir es einlassen? Die einen sagen vielleicht: Heute geht es nicht, ich habe schon so viele Termine; vielleicht morgen oder übermorgen; wenn ich einmal Zeit habe, werde ich mich um dich, mein Leben, kümmern. Andere denken vielleicht: Lass mich lieber weiterschlafen; jetzt aufstehen und sich mit dir, mein Leben, abplagen, das fällt mir zu schwer. Während die einen atemlos von einem Tag zum anderen hetzen, vertrödeln die anderen willenlos ihre Tage, und so vertreiben sich beide die Zeit und mit der Zeit das Leben.

Immer wieder sind wir versucht, vor dem Leben in der Gegenwart, vor dem Leben jetzt und heute zu fliehen. Ein Fluchtweg kann dabei sein, sich so in Arbeit zu stürzen, dass sie zur Sucht wird, zur Droge. Dann muss ich pausenlos aktiv sein, überall dabei sein, mich ständig durch meine Tätigkeit bestätigen. Arbeit ist dann mehr als Lebensunterhalt und Lebenserfüllung, sie wird mein Ein und Alles, ich kenne nichts anderes, für sie lebe und sterbe ich, und von ihr lasse ich mich ruinieren. Der gegenteilige Fluchtweg ist das, was Blaise Pascal *divertissement* nennt, das heißt Unterhaltung, Zeitvertreib, Zerstreuung. Zerstreuungen, sagt er, hindern uns, über uns selbst nachzudenken, und richten uns, ohne dass es uns bewusst wird, zugrunde; sie verschaffen uns Vergnügungen und bringen uns unmerklich zu Tode. Eine Aussage von ungeahnter Aktualität, wo heute das Geschäft mit der Unterhaltung, die Vergnügungsindustrie boomt wie noch nie! 1985 erschien eine radikale Abrechnung des amerikanischen Kulturkritikers *Neil Postman* (1931–2003) mit dem Fernsehen: »Wir amüsieren uns zu Tode«. Das Buch wurde in vielen Ländern zum Bestseller.

Phil Bosmans fordert dazu auf, sich dem Leben nicht zu verweigern, es nicht durch zerstreuende Ablenkungen oder Arbeitswut zu verpassen, sondern jeden Tag aufs Neue Ja zum Leben zu sagen. Der Rettungsweg gegen Zerstreuung ist Sammlung: abschalten, Abstand gewinnen, alles lärmend Ablenkende sein lassen, zu sich selbst kommen, die im eigenen Innern schlummernden Kräfte entdecken, auf die Stimme des Herzens hören. Und der Rettungsweg gegen den Aktivitätswahn ist ähnlich: anhalten, loslassen, auf die Stimme der Stille hören, zur Ruhe kommen. »Was nützt das ganze Tempo«, sagt Phil Bosmans, »wenn du doch anhalten musst? Was nützt die ganze Jagd nach Reichtum, wenn du doch arm sterben musst? Das Leben ist keine Schnellstraße zwischen Wiege und Grab, sondern da ist auch Platz zum Parken, zum Parken in der Sonne. Nimm dir Zeit, um glücklich zu sein. Jeden Tag wird ein Stückchen Leben in die Hände gelegt: dein kleines, kurzes Leben. Kein Mensch auf der Welt kann diesen Tag an deiner Stelle leben. Nimm jeden Tag als eine Gabe an. Vergiss nicht: Jeder Tag wird dir gereicht wie eine Ewigkeit, um glücklich zu sein.«

Phil Bosmans weist uns auf das »Heute«: »Heute leb ich, heute hab ich Zeit.« Das ist nicht so selbstverständlich und harmlos, wie es auf den ersten Blick scheinen mag. Dahinter erhebt sich ja unausgesprochen die Frage: »Werde ich morgen noch Zeit haben, werde ich morgen noch leben?« Eine Frage, die gern verdrängt wird: So schlimm wird es nicht gleich kommen, und mit solchen trüben Gedanken wird man sich doch die Freude am Leben nicht verderben. Phil Bosmans ist da ganz anderer Meinung: »An den Tod denken, an den eigenen Tod, ist eine wahre Bereicherung und wirkt befreiend. Unsere Gedanken lösen sich aus eingerosteten Denkgewohnheiten. Es eröffnen sich neue Horizonte und ungeahnte Ausblicke. Das Leben wird intensiver.«

Henri Nouwen, der als Theologe in der Vereinigten Staaten Karriere machte und dann alles aufgab, um in Kanada Seelsorger einer Gemeinschaft des Zusammenlebens mit Behinderten zu werden, schrieb an seinen Vater nach dem Tod der Mutter (auf Deutsch veröffentlicht unter dem Titel »Sterben, um zu leben«): »Ich habe das tiefe, schwierig zu beschreibende Gefühl, dass wir freie Menschen wären, könnten wir uns wirklich mit dem Tod anfreunden.« Wer die Angst überwindet, wird frei zu einem Leben in Liebe. Nouwen: »Liebe kennt den Tod nicht. Liebe entspringt dem Ort in uns, in den der Tod nicht einzudringen vermag.« Wir nennen diesen Ort »Ewigkeit«.

EWIGKEIT IM AUGENBLICK

Wie lange dauert eine Ewigkeit? Ist Ewigkeit etwas, das vor dem Anfang unseres Lebens, vor dem Anfang von allem in der Welt liegt, etwas, das nach dem Ende unseres jetzigen

Lebens, also nach dem Tod, und nach dem Ende der Welt kommen wird? Können wir uns so etwas wie Ewigkeit überhaupt vorstellen, ohne es unter der Hand doch wieder in ein zeitliches Schema von Vorher und Nachher unterzuordnen? Ist Ewigkeit die Abwesenheit von Zeit, die unveränderliche Zeitlosigkeit? Die Antwort hat Auswirkungen auf alle unsere Vorstellungen, die wir mit unserem Leben und mit Gott verbinden. Das Geheimnis der Zeit ist unlösbar verbunden mit dem Geheimnis Gottes. »Ewigkeit ist nicht das Uralte, das vor der Zeit war, sondern sie ist das ganz andere, das zu jeder vorübergehenden Zeit sich als ihr Heute verhält, ihr wirklich heutig ist; sie ist nicht selbst wieder in ein Vor und Nach versperrt, sie ist vielmehr die Macht der Gegenwart in aller Zeit« (Joseph Ratzinger). In den Briefen von *Papst Johannes XXIII.* findet sich wiederholt die Aufforderung *vivere il giorno* »heute leben«: »Der Herr wird denen entgegenkommen, die verstehen, den heutigen Tag zu leben, die ihre Pflicht tun, mit Ruhe und Geduld, ohne sich den Kopf zu zerbrechen wegen der Dinge, die morgen oder in Zukunft geschehen können. Es genügt, von einem Tag zum anderen zu leben, Arm in Arm mit der Vorsehung.«

Zu den bekanntesten nordamerikanischen Schriftstellern des zwanzigsten Jahrhunderts gehört *Thornton Wilder* (1897–1975). In seinen Werken ging es ihm nach seinen eigenen Worten um den »Abgrund, der sich auftut zwischen der allerkleinsten Begebenheit des täglichen Lebens und den ungeheuren Spannen von Raum und Zeit, in denen jeder Mensch seine Rolle zu spielen hat« und um die Aufgabe, »in der Trivialität unseres täglichen Daseins jene Würde zu finden, die ihm gerade angesichts jener absurd großen Zeitspanne genommen zu werden scheint«. In seinem Drama »Unsere kleine Stadt« heißt es an einer Stelle: »Begreifen die Menschen jemals das Leben, während sie's leben – jeden, jeden Augenblick? – Nein. Die Heiligen und die Dichter vielleicht – bis zu einem gewissen Grade.«

Es geht um die Erfahrung von Ewigkeit im Augenblick. Menschen, denen das in besonders intensiver Weise zuteil wird, werden gern als »Mystiker« bezeichnet. Eine unzweifelhaft echte Mystikerin war *Thérèse Martin* (1873–1897), die sehr jung in den Karmel von Lisieux eintrat und dort mit 24 Jahren an Tuberkulose starb. In einem ihrer gedichtartigen Gebete spitzt sie die Erfahrung »Heute leben« so zu: »Mein Leben dauert nur einen Augenblick, eine vorübergehende Stunde. / Mein Leben dauert nur einen einzigen Tag, der mir entflieht und war. / Du weißt es, o mein Gott! Um dich zu lieben hier auf Erden, / hab ich nichts als nur das Heute.« Etwa zweihundertfünfzig Jahre früher brachte diese Erfahrung der Barockdichter *Andreas Gryphius* (1616–1664) ebenfalls in Worte: »Mein sind die Jahre nicht, die mir die Zeit genommen; / mein sind die Jahre nicht, die etwa möchten kommen; / der Augenblick ist mein, und nehm ich den in acht, / so ist der mein, der Jahr und Ewigkeit gemacht.« Phil Bosmans sagt es so: Zeit ist das Vergehen, das Vergängliche an Menschen und Dingen. Wie die Dinge verschleißt auch der Körper: Die Haare werden grau, das Gesicht bekommt Falten, Organe und Gelenke beginnen zu schmerzen. Zeit ist aber auch Raum, um zu leben und zu genießen: das neue Leben wahrzunehmen bei jedem Sonnenaufgang, in jeder Blüte, bei jedem Kind, das einen anlacht. Phil Bosmans schreibt: »Was ist Zeit? Die Stille genießen, wenn Radio und Fernsehen zum Schweigen gebracht sind; die Nähe und das warme Herz Gottes spüren in der Luft, die du atmest, in deinem Herzen, das klopft, in den tausend Dingen, die dir gratis gegeben werden, ohne dass du sie erbeten und ohne dass du sie verdient hast. Zeit: den Augenblick genießen, jenes einmalige Jetzt, das wir in Freude und Dankbarkeit umarmen.«

Himmel ist,
wo du zu Hause bist

Himmel ist, wo du zu Hause bist

Von Kindern können wir viel lernen. So ruft uns Phil Bosmans zu: »Ihr Großen, empfangt die Augen eines Kindes, um das Leben anders zu sehen. Empfangt den Traum eines Kindes nach dem verlorenen Paradies. Empfangt das Lachen eines Kindes und seine Freude an den kleinen Dingen. Empfangt das Herz eines Kindes, um an die Liebe der Menschen zu glauben.«

Vielleicht erinnern Sie sich noch daran, wie Sie selbst als kleines Kind oder wie Ihre Kinder, Enkelkinder, Patenkinder, Nachbarskinder, Pflegekinder mit Buntstiften vor einem Blatt Papier saßen und hingebungsvoll anfingen zu malen. Was pflegen die kleinen Künstler aufs Papier zu zaubern? Wenn ich mich recht erinnere, gehört dazu ein Art Viereck, das ist ein Haus, mit einem Dreieck drauf, das ist das Dach. In einer Blattecke darf ein großer gelber Kreis nicht fehlen, von dem lange Striche ausgehen, das ist die Sonne mit ihren Strahlen. In dieses Ensemble passt noch sehr gut ein dicker senkrechter brauner Balken mit grünen Strichlein, das ist ein Baum mit seinen Blättern, vielleicht noch winziger Doppelbogen, das wäre ein Vogel. Schließlich, und das ist womöglich das Erste und Wichtigste, der kleine Mensch höchst selbst: ein schiefer Kreis für das Gesicht und darunter ein größerer für den Rumpf mit Strichärmchen und Strichbeinen. Das Ganze ist ein Spiegelbild der Welt des kleinen Menschen, wie er sie erlebt, sein Lebensraum: ein Zuhause, umgeben von einem Stück Natur, erfüllt vom Licht der Sonne am Himmel und hoffentlich auch erfüllt von Wärme, Fröhlichkeit, Geborgenheit und Liebe.

ZUHAUSE HEISST GEBORGENHEIT

Wenn Phil Bosmans davon spricht, dass Menschen nicht einfach in eine kalte Welt ausgesetzt, blindlings auf unseren Planeten geworfen werden, dann steht dahinter die Kontrasterfahrung, dass er in seinem Leben vielen Menschen begegnet ist, die schon in ihrer Kindheit Kälte statt Wärme und statt Liebe womöglich Brutalität erleiden mussten. Er selbst hat es ganz anders erfahren: »Ich hatte Glück. Um ein glücklicher Mensch zu werden, genügt es, in einem Dorf von einfachen, aber glücklichen Eltern geboren zu werden. Sie waren arm, aber glücklich trotz vieler Sorgen. Bei ihnen fand ich ein sicheres Zuhause, Geborgenheit und Wärme.« Diese Erfahrung war sicherlich mit entscheidend dafür, dass er sich später immer besonders um Menschen kümmerte, die solches Glück nicht hatten und deren Lebensweg nicht selten ein Drama, wenn nicht gar eine Tragödie war.

Im Jahr 2004 gab es einen internationalen Wettbewerb um das »schönste deutsche Wort«. Aus 111 Ländern gingen etwa

23.000 Vorschläge ein, aus denen eine Jury aus Sprachexperten die Entscheidung traf. Auf den zweiten Platz (nach »Habseligkeiten«) setzte die Jury zwar nicht das Wort »Zuhause«, aber das, was wir wohl alle mit »Zuhause« verbinden und dort hoffentlich auch finden, nämlich »Geborgenheit«. »Geborgenheit« ist ein typisch deutsches Wort; will man es in andere Sprachen übersetzen, wird es schwierig. Das Wort »Geborgenheit« gilt als unübersetzbar (nur im Niederländischen, der Sprache von Phil Bosmans, gibt es den vergleichbaren Ausdruck). Um es in anderen Sprachen wiederzugeben, muss man sich mit Wörtern ähnlicher Bedeutung behelfen. Zum Beispiel gibt das Wörterbuch als Übersetzungsvorschlag ins Englische *security* an, »Sicherheit«. Das ist nicht ganz falsch, hat aber doch bei weitem nicht die Gefühlstiefe und auch nicht den wunderbaren Sprachklang wie »Geborgenheit«. Ganz abgesehen davon, dass »Sicherheit« ein politisch belastetes Wort ist. Alle diktatorischen Regime hatten und haben ihren gefürchteten »Sicherheitsapparat«, der statt Geborgenheit und Schutz Angst, Schrecken und Terror verbreitet.

Im Wort »Geborgenheit« klingt viel mehr mit als nur der äußere Schutz, den ein Haus, eine Wohnung gegen die Unbilden des Wetters, gegen unerwünschte Eindringlinge aller Art bietet und dessen widerrechtliche Verletzung der Gesetzgeber als »Hausfriedensbruch« ahndet. Ein wahres Zuhause ohne Bedrohung von außen und möglichst auch ohne große Störungen von innen, also ein Zuhause in »häuslichem Frieden«, ist etwas Lebensnotwendiges. Für Phil Bosmans gehört ein Zuhause zu den »Grundbedürfnissen und Grundrechten« des Menschen: »Du brauchst ein Zuhause, um glücklich zu sein. Ohne ein Zuhause bist du überall in der Fremde, fehlen dir tausend kleine Freuden des Lebens. Zu Hause kannst du ausruhen, wenn du müde bist. Zu Hause findest du Verständnis und Hilfe, wenn dir etwas fehlt, wenn es dir schlecht geht. Zu Hause findest zu Zuneigung und Wärme, wenn das Leben hart und kalt ist. Zu Hause liegt dein Glück, ein wunderbares Glück, das du sonst nirgendwo finden kannst. Jeder Mensch braucht ein Zuhause.«

Zu Hause ist der Ort, wo man wohnt: mit Tisch und Stuhl, Herd und Heizung – und einem Bett. Neben vielen Dingen, die wir zum alltäglichen Leben brauchen und mit denen wir einer Wohnung unsere persönliche Note geben, sie wohnlich machen, ist das Bett, wenn wir nicht gerade krank sind oder schlecht schlafen, der Ort, wo wir buchstäblich zur Ruhe kommen. Es verleiht mit seiner Wärme und Behaglichkeit dem Menschen ein Gefühl der Entspannung, des Friedens und der Geborgenheit. In der Bibel klagt der Psalmenbeter über Nächte voller Sorgen und Tränen: »Jede Nacht benetze ich weinend mein Bett, ich überschwemme mein Lager mit Tränen« (Psalm 6,7). Aber er kennt auch und vor allem die Erfahrung einer grundlegenden Geborgenheit: »Ich lege mich nieder und schlafe in Frieden; denn du allein, o Herr, lässt mich ruhen in Sicherheit« (Psalm 4,9).

Zum Leben gehört nicht nur Zeit, sondern auch Raum. Lebensraum ist etwas anderes als der sich anscheinend gleichmäßig ins Unendliche dehnende Weltraum. Alles Leben hat und braucht so etwas wie eine Mitte. Menschen brauchen einen festen Bezugspunkt, der ihnen Orientierung und Halt bietet, wo er wohnt, einen Ort, von dem er immer wieder ausgeht und an den er immer wieder zurückkehrt, einen Ort, wo er »zu Hause« ist. Von hier aus bestimmt sich für den Menschen Nähe und Ferne. *Hermann Broch* (1886–1951), ein österreichischer Schriftsteller, der vor den Nazis fliehen und seine Heimat verlassen musste, hat diese Erfahrung in einem kurzen Vers zum Ausdruck gebracht: »In der Mitte aller Ferne / steht dies Haus, / drum hab es gerne.« Das Haus, der Inbegriff des Nahen und Vertrauten, steht in der Mitte und bildet den Gegenpol zur Ferne. Aber »Mitte aller Ferne« hat einen verborgenen Doppelsinn und kann dann auch den Ort bezeichnen, wo die Ferne am dichtesten, gewissermaßen am fernsten ist. Das »Zuhause«, das Nächste und Selbstverständlichste, ist – scheinbar ein Widerspruch – zugleich das Fernste, das Unselbstverständliche, das Verwundbare und Verlierbare und das immer Ersehnte, das, was man gern haben möchte und vielleicht vermisst: »In der Mitte aller Ferne / steht dies Haus, / drum hab es gerne.«

Das Leben erschöpft sich natürlich nicht im Wohnen zu Hause oder gar im Schlafen im Bett. Jeden Morgen heißt es: »Aufwachen! Es kommt ein wunderbarer Tag.« Wir müssen aufstehen – und können es hoffentlich auch –, wir verlassen die Wohnung, um in die Schule oder an die Arbeitsstelle zu gehen, um Besorgungen oder einen Besuch zu machen, und wir kommen, im Allgemeinen wenigstens, gerne wieder nach Hause zurück. Zum alltäglichen Leben gehört dieses Hin und Zurück, Fortgehen und Heimkehren. Aber wir alle kennen auch Situationen auf unserem Lebensweg, wo wir zu neuen Ufern, zu einem neuen Zuhause, sei es vorübergehend oder für lange Zeit, aufgebrochen sind.

Wenn Kinder (und nicht nur sie) länger von zu Hause weg sind, dann befällt die meisten ein Gefühl, für das wir ein wunderbares Wort haben – für mich wäre es das schönste Wort der deutschen Sprache –: »Heimweh«. Die Romantiker Anfang des neunzehnten Jahrhunderts haben es als Ausdruck eines neuen Lebensgefühls entdeckt. Einer ihrer genialsten Köpfe, *Georg Philipp Friedrich von Hardenberg* (1772–1801), der sich selbst *Novalis* nannte, brachte diese Sehnsucht auf eine einprägsame Formel. In dem nach seinem Tod 1802 erschienenen Romanfragment »Heinrich von Ofterdingen« begegnet ein Pilger auf seinem Lebensweg einem rätselhaften Mädchen. Es entspinnt sich ein Dialog. Der Pilger fragt: »Wo gehn wir denn hin?« und bekommt die einfache und zugleich unergründliche Antwort: »Immer nach Hause.«

Ursprünglich ist »Heimweh« die Übersetzung des Kunstworts »Nostalgie«, zunächst ein medizinischer Fachausdruck (so wie »Neuralgie«), mit dem der Baseler Mediziner *Johannes Hofer* (1662–1752) einen krank machenden Heimweh-Schmerz bezeichnete, den man an Schweizer Söldnern beobachtete, die im Ausland eingesetzt waren. Auch im neunzehnten Jahrhundert, zu Beginn des Industrialisierungszeitalters, wurde »Heimweh« vielfach als ein Problem angesehen, das bei Menschen auftrat, die auf der Suche nach Arbeit und Lebensunterhalt ihre heimatliche, meist dörfliche Umgebung verließen, in die Fremde der wachsenden Industriezentren und Großstädte oder gar nach Übersee zogen und dort, entwurzelt, seelisch krank wurden: Wahnsinn aus Heimweh. Wenn nicht Schlimmeres: »Heimweh und Verbrechen« ist der Titel einer 1909 erschienenen psychiatrischen Doktorarbeit. Ihr Verfasser kam später als Philosoph zu größtem Ansehen und Einfluss: *Karl Jaspers* (1883–1969). Die Bezeichnungen mögen sich ändern, auch die Einsichten in Ursachen und Zusammenhänge, aber das Leiden der Menschen, die ihr Zuhause verloren haben, die vielleicht niemals ein Zuhause erfahren haben, ist so aktuell wie eh und je. Heute sind zahllose Menschen auf der Flucht vor Krieg, Terror und Hunger; in Zukunft sind Flüchtlingsbewegungen auch aus ökologischen Katastrophen zu erwarten. Unzählige Menschen müssen ihr Zuhause verlassen, und viele erfahren vielleicht nie ein Zuhause in den Megastädten mit ihren Slums oder Favelas oder wie die Elendsviertel auch heißen. Verlust und Sehnsucht nach Heimat sind so massenhaft geworden wie noch nie in der Menschheitsgeschichte.

1986 hielt Phil Bosmans einen Vortrag unter Überschrift »Jedes Herz braucht ein Zuhause«: »Ein Zuhause hat nichts mit Luxus zu tun, sondern alles mit Aufmerksamkeit füreinander, mit Sorge füreinander, mit menschlicher Wärme, mit Geborgenheit, mit Liebe, mit einer Kultur des Herzens.

Ein Zuhause findest du nur bei einem Wesen mit einem Herzen, das für dich schlägt. Abgekoppelt vom Herzen, dreht sich alles Denken, Fühlen und Sprechen nur noch um Geld, Macht und Genuss. Die Verdrängung von Geist und Herz richtet die größten Verwüstungen an. Wo die Lebensbindungen in Familien und Freundschaften zerreißen, wächst die Entfremdung, die Einsamkeit, die Heimatlosigkeit. Menschen werden in der Kälte geboren, müssen in der Kälte leben und werden innerlich vor Kälte sterben. Die Heimatlosigkeit unserer Zeit ist nicht nur ein Problem der Obdachlosen, der Menschen, die kein Dach über dem Kopf haben, sondern vor allem das Problem von Menschen, die niemanden haben, der sich um sie kümmert. Menschen suchen nach Geborgenheit in einer kalten, unwirtlichen Welt, in der das Leben für viele zu einer unerträglichen Last geworden ist. Menschen suchen verzweifelt nach Menschen, die sie gern haben, die ihnen Geborgenheit und Wärme geben können, die sie aufnehmen und ihnen ein Zuhause bieten können. Dieses Suchen und Verlangen nach einem Zuhause hat Gott dem Menschen ins Herz gelegt. Es ist nichts anderes als das unsterbliche Heimweh nach dem verlorenen Paradies.«

In seinen Lebenserinnerungen erzählt Phil Bosmans von seinem Freund *Hans Busow*, der Professor in Kiew war, 1968 fliehen musste, sich monatelang über Hunderte von Kilometern durch die Wälder Finnlands nach Schweden durchschlug, oftmals den Tod vor Augen, und schließlich todkrank nach Belgien kam, wo er als Dienstbote im Hotel arbeitete und in der freundschaftlichen Zuwendung von Phil Bosmans ein Stück Zuhause fand. Oder von *Samba*, einem schwarzen Jungen aus Südafrika, der, auf einem Schiff versteckt, wochenlang über die Ozeane fuhr und dann von einem mitleidigen Matrosen mit etwas Geld in Antwerpen abgesetzt wurde. Weil er keine Papiere hatte, landete er im Gefängnis, aus dem ihn Phil Bosmans herausholte. Er musste jahrelang mit den Behörden um die Existenzberechtigung eines Menschen ohne Ausweispapiere kämpfen. Er verhalf ihm zu einer Berufsausbildung, so dass Samba schließlich in seine Heimat zurückkehren, eine Familie gründen und als Lehrer arbeiten konnte.

Zu Hause sein, von Zuhause aufbrechen und wieder nach Hause kommen – dazwischen spielt sich das menschliche Leben ab, ob es um die kleine Strecke eines Tages, den Weg vom Morgen bis zum Abend oder um das ganze Leben geht, den Weg von der Geburt bis zum Tod, immer ist es ein Weg von Zuhause nach Zuhause. Manchmal gleicht dieser Weg einer wahren Odyssee.

Wir alle werden uns noch nach Jahren an abenteuerliche, gefährliche, schwere Wege erinnern, bis wir endlich wieder in Sicherheit, sozusagen daheim, waren. Es treibt uns Menschen in die weite Welt, manchmal werden wir vertrieben, und sind wir dann draußen, in der Fremde, die für manche so ersehnt, für andere so gefürchtet war, treibt es uns wieder nach Hause. Es gibt aber nicht nur die Wege nach draußen, sondern auch nach drinnen, in die scheinbar so vertraute und dann doch oftmals so fremde Welt unseres eigenen Innern. In diese Richtung weist das hintergründige Bonmot des ur-bayrischen Komikers *Karl Valentin* (1882–1948): »Heute b'such i mi – hoffentlich bin i dahoam.« Hundertfünfzig Jahre vor der modernen Weltraumfahrt schreibt *Novalis*: »Wir träumen von Reisen durch das Weltall: Ist denn das Weltall nicht in uns? Die Tiefen unsers Geistes kennen wir nicht. Nach innen geht der geheimnisvolle Weg.«

Einer, der diesen »geheimnisvollen Weg« gegangen ist, ist der Dichter *Gerhard Tersteegen* (1697–1769). Er lebte im achtzehnten Jahrhundert, gehörte zeitlebens zur Reformierten Kirche, wurde aber stark vom Pietismus und auch von französischen und spanischen Mystikern und Mystikerinnen geprägt, über die er Lebensbeschreibungen verfasste und deren Werke er übersetzte. Nach einem längeren Bekehrungsweg begründete er in Mülheim an der Ruhr eine Art geistliches Zentrum, das einen enormen Zulauf hatte (nicht unbedingt zur Freude der ordentlich bestallten Pastoren der Stadt). Er schrieb Hunderte von Gedichten, Spruchversen, geistlichen Liedern. Einige finden sich bis heute in den Gesangbüchern der Kirchen. In der letzten Strophe seines Abendliedes (»Nun sich der Tag geendet«, 1745) heißt es: »Ein Tag, der sagt dem andern, / mein Leben sei ein Wandern / zur großen Ewigkeit. / O Ewigkeit, so schöne, / mein Herz an dich gewöhne, / mein Heim ist nicht in dieser Zeit.«

HIMMEL AUF ERDEN

»Himmel ist, wo du zu Hause bist.« Irgendwie verbinden wir mit »Himmel« etwas besonders Schönes, besonders Beglückendes, besonders Ersehntes. Wo ist dieser »Himmel« zu finden? Etwa heute, bei uns zu Hause? Oder früher, im Zuhause unserer Kindheit? Oder später, im Laufe unseres Lebens, in Augenblicken eines endlich erreichten Ziels, vielleicht in einer großen Liebe, in dem Geschenk einer überwältigenden Erfahrung? Man muss nicht ausgesprochen kritisch oder skeptisch veranlagt sein, um sich einzugestehen, dass es so etwas wie »Himmel pur« hier auf Erden nicht gibt, dafür geschieht auf unserem Planeten zu viel vom Gegenteil, und das ist die Hölle. Und trotzdem, manchmal erleben wir ein kleines oder auch großes Stück Himmel und sind von einem wunderbaren Glücksgefühl erfüllt. Wann geschieht das? Phil Bosmans antwortet: »Wenn Menschen füreinander in Liebe wieder Menschen werden, öffnet sich über der Erde der Himmel.«

Verbreitet ist die Vorstellung, »Himmel« sei etwas, wohin wir bestenfalls später, nach dem Leben auf Erden, kommen, und wir müssten uns mit den oft so miserablen Verhältnissen hier notgedrungen abfinden in Erwartung von etwas Besserem im Jenseits. Demgegenüber betont Phil Bosmans: »Der Himmel muss auf Erden beginnen. Es gibt zwei Möglichkeiten: anderen das Leben zur Hölle machen oder ihnen ein wenig Himmel auf Erden bereiten. Kommt Himmel in dein Herz, dann wird auch für die Menschen um dich der Himmel ein Stück größer.«

Wie die Erde himmlisch wird, das verrät er allen Verliebten und Verheirateten und nicht nur ihnen: »Himmlisch wird die Erde, wenn ihr untereinander die Freude teilt über die Sonne, die Vögel und die Menschen und alle Wunder des Lebens. Himmlisch wird die Erde, wenn ihr aneinander den Zauber bewahrt und euch den Raum gewährt, so und nicht anders zu sein. Himmlisch wird die Erde, wenn ihr voreinander alle bitteren Worte verbannt und mit einem Lächeln Dornen in Rosen verwandelt. Himmlisch wird die Erde, wenn ihr einander die Treue haltet bis ans letzte Ufer des Lebens, in die unsterbliche Liebe hinein.«

Zur Liebe gehört: einander Raum gewähren. Das Gegenteil ist das Übliche in der Welt, im kleinen wie im großen. Wie viele Kriege wurden im Laufe der Geschichte zur Eroberung ganzer Länder und zur Unterwerfung ganzer Völker geführt! Wie viel Erbstreitigkeiten, oft über Generationen hinweg, gab und gibt es um ein Grundstück. Wenn ich meinen Lebensraum, meinen Einflussbereich vergrößern will, geschieht das selten neutral, meistens werden Interessen anderer beeinträchtigt, wird ihnen womöglich etwas Lebensnotwendiges weggenommen. In der Liebe ist das anders. Wer liebend Raum gewährt, dessen Leben wird nicht enger, sondern weiter; es schrumpft nicht, sondern entfaltet sich.

Ich lebe liebend gern

Ich lebe liebend gern

Vor ungefähr siebenhundert Jahren wurde ein Satz geprägt, der verblüffend auf Phil Bosmans zutrifft: »Ein Lebemeister ist mehr als tausend Lehrmeister.« Der Satz stammt von einem berühmten Magister des Mittelalters (heute würde man Professor sagen). Aus dem lateinischen Wort *Magister* wurde deutsch »Meister«. Seine kühnen Gedanken haben nicht nur das philosophische Denken der folgenden Jahrhunderte bis heute immer wieder neu befruchtet. Meines Wissens gibt es niemanden unter den Geistesgrößen, dessen Name so unlöslich mit dem Titel »Meister« verbunden ist: *Meister Eckhart* (1260–1328).

Wir haben heutzutage viele tausend Lehrmeister und Lehrmeisterinnen. Bildung und Weiterbildung ist ohne Frage ein wichtiger Schlüssel für Arbeit und Beruf. Lebenslanges Lernen ist heute nötiger denn je, wenn wir uns in unserer sich so rasant verändernden Welt überhaupt noch zurechtzufinden wollen. Und dennoch, sagt Phil Bosmans, sitzen so viele Menschen eines Tages fest, sie haben alles Mögliche gelernt, nur nicht: leben. Wie ein Leitmotiv zieht sich nicht nur durch seine Bücher, sondern durch sein ganzes Lebenswerk die Einladung: **»Mach dich zum Leben auf! Lebe! Ich wün-**

sche dir dazu Mut wie die Morgensonne, die über allem Elend der Welt jeden Tag neu aufgeht. Jeden Tag neu leben!« Phil Bosmans ist für ungezählte Menschen ein »Lebemeister« geworden, ein Meister, der nicht Wissen lehrt, sondern was tausendmal mehr ist: Leben.

LEBEN? LIEBEND GERN!

»Ich lebe liebend gern«: »liebend gern« ist zunächst einfach eine Art Steigerung zu »gern«. In Verbindung mit »Leben« bekommt der Ausdruck aber einen besonderen, mehrdeutigen Klang. Manchen wird er mehr als Frage klingen: Lebe ich wirklich gern? Anderen als Wunsch: Wenn ich doch gern leben könnte, das wäre mir das liebste. Vielleicht mischt sich auch die Klage hinein: Liebend gern leben – das war einmal und ist nicht mehr, leider. Für wieder andere mag es im Gegenteil wie ein trotziges Bekenntnis klingen: Ja, trotz allem, was dagegen spricht, trotz allem, was mir das Leben schwer macht, lebe ich doch liebend gern, für mein Leben gern.

Es ist ein bewegender Augenblick – manche Mütter oder auch Väter werden sich daran erinnern –, wenn ihr kleines Kind von sich selbst nicht mehr so spricht, wie es gerufen wird, mit seinem Namen oder Kosenamen, sondern zum ersten Mal sagt: ich. Von einem liebenden Du angesprochen und umarmt, wird es seiner selbst bewusst, wird sein Vertrauen geweckt, wird seine Freude am Leben und sein Mut zum Leben grundgelegt. Unvergesslich bleibt mir jener Augenblick, wo ich als kleiner Knirps an einem Sommertag ganz allein und ganz still an der warmen Mauer unseres Hauses im Sonnenlicht stand, ein seltsames, so noch nie empfundenes Gefühl durchströmte mich, nicht zu fassen und doch ganz deutlich: ich, da bin ich – ist das schön! Das gehört zu den frühesten Erinnerungen meines Lebens. Andere werden sich an anderes oder auch Ähnliches erinnern. Mit dem Satz: Ich lebe gern, sind die leidvollen Erfahrungen, die zu jedem menschlichen Leben gehören, nicht einfach unter den Teppich gekehrt. So groß ihre Last auch sein mag, sie lässt sich leichter und vielleicht nur tragen in dem Vertrauen auf eine noch größere Liebe. »Ich lebe gern« setzt die Überzeugung voraus, das ganze Leben hindurch, von Anfang bis Ende, in guten und in schlechten Zeiten, geliebt und geborgen zu sein. Es ist eine Überzeugung aus Erfahrung, eine Erfahrung, die in den ersten Lebensjahren grundgelegt wird.

VIEL WÄRME UND VIEL LIEBE

Wenn diese Erfahrung ausfällt, hat das nicht selten traurige Folgen. Das hat Phil Bosmans in den Gefängnissen erlebt. Den Menschen in Not, den Menschen am Rande der Gesellschaft hat er sich besonders verpflichtet und verbunden gefühlt. Zu seinem Lebenswerk gehören soziale Einrichtungen wie zum Beispiel Betreute Werkstätten und das Hotel MIN, das heißt »Menschen in Not«, Menschen, die nach dem Gefängnis nicht wissen wohin und keine Chance auf dem Arbeitsmarkt haben. Ihre Situation mag verschiedene Ursachen haben, eine Hauptwurzel sind Ausfallserscheinungen an Zuwendung und Förderung in der Kindheit und Jugend.

In einer Zeit, in der viel von Menschenrechten die Rede ist, proklamiert Phil Bosmans als das allererste, allerfundamentalste Menschenrecht das Recht auf Liebe: »Jeder Mensch, der in die Welt kommt, hat ein unveräußerliches Recht auf einen Vater und auf eine Mutter, Recht auf ein Zuhause, Recht auf menschliche Wärme, Recht auf Geborgenheit, Recht auf Liebe. Allein in Liebe kannst du Mensch werden.«

In seiner typischen Art findet er dafür eindringliche Bilder: »Menschen werden nicht blindlings auf einen kalten Planeten geworfen, Menschen werden Menschen anvertraut. Ein Vogel, aus dem Nest gestoßen, stirbt. Ein Kind, das nicht umarmt wird, erfriert. Um Mensch zu werden, brauchen Menschen Wärme und viel Liebe.« Sein Credo lautet: »Ich glaube an die Liebe. Ich glaube an Gott. Gott ist Liebe.« Hier sind wir in der Mitte seines Denkens, hier liegt die tiefste Wurzel seines Wirkens. Sein Credo von der Liebe wird zur Botschaft des Herzens. So sagt er: »Das Herz des Menschen – ein winziger Fleck auf unserem Planeten. Aber hier kommt die Liebe zur Welt.«

Das Herz ist ein Bild für unsere innere Mitte. Wer die Mitte verliert, verliert die Orientierung im Leben und weiß nicht mehr recht, wo oben und unten, was wichtig und unwichtig ist. **»Das Herz ist das tiefste Elendsviertel in der Stadt des Menschen. Die erste Aufgabe für alle Menschen: Kümmere dich ums Herz!«** Behörden wie das Finanzamt oder Sozialamt fragen manchmal nach dem »Lebensmittelpunkt«, nämlich dem Ort, wo jemand überwiegend lebt, sein Zuhause, seine vertraute Umgebung, seine Bekannten und Freunde hat. Wo ist die Mitte meines Lebens, was ist mir wichtig, was steht bei mir im Mittelpunkt? Eine ehrliche, ungeschminkte Antwort darauf ist: Mein Ich ist mir wichtig. Ob es mir gefällt oder nicht: Immer spielt das Ich mit. In allem, was ich denke, fühle, tue, steckt mein Ich. Ich muss mit meinem Leben zurechtkommen, ich möchte glücklich sein. Das ist kein Egoismus, das heißt ja noch nicht, dass mir die anderen gleichgültig sind; das schließt ja nicht aus, dass ich andere glücklich machen möchte.

Auch Phil Bosmans stellt sich die Frage, die so manchen umtreibt, dem die Not der Mitmenschen zu Herzen geht: **»Habe ich das Recht, glücklich zu sein, wenn ich mit so viel Unrecht und Unfrieden konfrontiert werde, mit so viel Elend unter den Menschen? Ich fühle mich jedes Mal machtlos, wenn ich eingetaucht werde in die grenzenlose Ohnmacht der Menschen, ein bisschen glücklich zu sein.«** Aber, so sagt er, »ich habe es oft genug erlebt: Wenn ich selbst festgefahren dasitze und schwere Sorgen habe, wenn auch bei mir alle Lichter ausgegangen sind, kann ich keinem Menschen mehr helfen.« Sein Lebensmotto heißt: »Mein tiefster Wunsch: Menschen glücklich machen«.

Glücklich sein heißt gern leben. Um gern zu leben, braucht man Vertrauen ins Leben und auch Vertrauen zu sich selbst. Selbstvertrauen ist nicht etwas, das man einfach hat oder auch nicht hat. Es kann wachsen, es kann krankhaft wuchern, es kann abnehmen, es kann die Schwindsucht bekommen. Es gibt Menschen, die fühlen sich gern als Mittelpunkt, auf den alle schauen und um den sich alles dreht, und es gibt andere, die sich am liebsten verstecken, weil sie sich selbst nicht leiden können. Viele Konflikte, viel Ärger, viel Streit und Leid hängen zusammen mit übersteigertem oder unterentwickeltem Selbstwertgefühl. »Ich lebe gern« ist ein Grundsatz des Selbstvertrauens. Er besagt nicht: Hauptsache, mir geht es gut, die anderen sollen sich um sich selbst kümmern. Deshalb: »Ich lebe *liebend* gern«, denn das ist das allerwichtigste: Mit Liebe leben.

Zur Orientierung im Leben gehört das Wissen, wo die Mitte, der Schwerpunkt, das Zentrum ist. Das gilt nicht nur für das persönliche Leben, es trifft auch auf ganz andere Bereiche zu. Ein Beispiel: Der geografische Mittelpunkt Deutschlands wird heute meist ins westliche Thüringen verlegt. Er kann auf verschiedene Weise ermittelt werden und weicht dann jeweils um ein paar Dutzend Kilometer ab. Die Berechnung ist mir am liebsten, die ihn auf die Wartburg verlegt, eine geschichtsträchtige Stätte, die unlöslich mit dem Namen der heiligen *Elisabeth von Thüringen* verbunden ist. Ihre leidenschaftlichen Liebe, die so viel leiden musste, ihre tiefe Gottesliebe führte die hochadlige, lebensfrohe Frau damals zu einem ganz ungewöhnlichen, höchstpersönlichen Einsatz für Arme und Kranke. Sie hat kein Buch geschrieben, ich weiß nicht, ob sie überhaupt schreiben konnte. Es sind nur wenige Worte von ihr überliefert, die als authentisch gelten können. Eines lautet: »Seht, ich habe immer gesagt, wir müssen die Menschen froh machen.« Phil Bosmans legt diese Worte Gott selbst in den Mund, den er sprechen lässt: »Wenn ich Menschen glücklich sehe, bin ich am Ziel. Dies ist der Sinn meiner Schöpfung: das Glück der Menschen. Und glückliche Menschen brauche ich, um unglückliche Menschen glücklich zu machen.«

REVOLUTION DES HERZENS

1543 erschien das Buch eines großen Gelehrten in Frauenburg, das schon im Titel das Wort »Revolution« trug: »Über die Umlaufbahnen *(revolutiones)* der Himmelskörper«. *Nikolaus Kopernikus* (1473–1543) stürzte damit das Weltbild, wonach die Erde der Mittelpunkt des Kosmos sei. Nach seinen Berechnungen drehte sich – entgegen dem Augenschein, auch entgegen Überzeugungen, die tief im Bewusstsein, auch im religiösen Bewusstsein verankert waren – nicht die Sonne um die Erde,

sondern die Erde um die Sonne. Es brauchte eine ganze Zeit, bis sich diese Erkenntnis durchsetzte, sie ging als kopernikanische Wende in die Geschichte ein und stellte eine Revolution des Weltbildes darf.

Auch Phil Bosmans geht es im übertragenen Sinn um die Frage, was im Mittelpunkt steht, um ein neues Denken, um eine Revolution, freilich eine Revolution der Menschlichkeit, der Mitmenschlichkeit. In den 1970er-Jahren, als sich vor allem in der studentischen Generation ein revolutionäres Klima ausbreitete, in dem auf wilden Demonstrationen Ideen totalitärer Denker bejubelt und Gegner niedergebrüllt wurden, sagte Bosmans: »Revolution heißt mit allen Formen von Unrecht und Unmenschlichkeit, von Hass und Korruption brechen. Revolution heißt alle harten und gewalttätigen Strukturen ersetzen durch menschliche Strukturen, durch liebende Aufmerksamkeit und Sorge von Menschen für Menschen.« Er plädierte für eine Revolution, in der der Mensch neu wird; eine Revolution, die das Herz des Menschen aus den Krallen der Gier und Gewalttätigkeit befreit.

Bei dieser Revolution geht es im Grunde um den neuen Weg, den Jesus von Nazaret ging, um den Todeskreis zu durchbrechen, den Weg der Gewaltlosigkeit und der Vergebung. »Gewaltlosigkeit«, so Phil Bosmans, »steht und fällt damit, worin man das Böse sieht. Wer das Böse nur in Systemen und Strukturen und bei anderen Menschen sieht, macht einen fundamentalen Denkfehler. Das Böse sitzt viel tiefer: im Herzen des Menschen, dort, wo ein Mensch den anderen übersieht und liegen lässt, wo er ihn verachtet, wo er ihn hasst und am Ende liquidiert. Selig die Gewaltlosen, die die Spirale der Gewalt umbiegen zu einer Spirale der Freundschaft und Liebe. Sie sind wie das Wasser im Fluss, das die harten Steine rund und glatt macht, so dass sie mit dem Strom mitrollen. Mit sanfter Gewalt erobern sie die Herzen der Menschen.«

Und das ist das Fazit von Phil Bosmans: »Wir müssen neue Wege gehen: den Weg des Saatkorns. Wir müssen den Weg der Gewalt verlassen, den Weg von Blut und Tränen, den Weg des Todes, den alten, von Generationen ausgetretenen Weg des Glaubens an die Macht, an den Besitz, an das Recht des Stärkeren. Wir müssen lange Wege gehen, den Weg zur Menschlichkeit unter den Menschen, den Weg zum Licht durch die Nacht, den langen Weg zur Liebe, damit die Freude am Leben aufblüht wie ein farbiger Regenbogen am Himmel unseres Dorfes, das Erde heißt.«

Dieser neue Weg ist dann auch eine Art kopernikanische Wende: Nicht mehr mein Ich ist der Mittelpunkt, um den sich alles dreht. Nicht mehr das, was ich denke, rede und tue, ist das Wichtigste. Nicht mehr meine Probleme sind die schwierigsten, meine Sorgen die drückendsten. Das unfruchtbare Kreisen um sich selbst wird durchbrochen. Mein Leben gewinnt eine neue Orientierung, einen neuen Mittelpunkt, eine neue Lichtquelle, eine neue Kraftquelle, eine neue Sonne. Keine Frage, dass für Pater Bosmans diese neue Sonne den Namen Liebe trägt und dass Gott nichts anderes ist als Liebe. So sagt er: »Die Liebe ist wie die Sonne. Wer sie hat, dem kann vieles fehlen. Wem die Liebe fehlt, dem fehlt alles.«

2004 wurde in Warschau das Buch einer jungen polnischen Frau, *Katarzyna Szymanska-Borginon*, mit Interviews mit Phil Bosmans veröffentlicht (die deutsche Ausgabe erschien 2007 unter dem Titel »Vergiss nicht zu leben«). Die Autorin arbeitete als Journalistin in Brüssel; mich haben diese Interviews sehr beeindruckt, weil sie so pfiffig direkte, herausfordernde Fragen stellt und weil Phil Bosmans darauf so lebendig und weise zugleich eingeht. Es ist ein bewegender Dialog, man möchte sagen, zwischen dem alten Mann und der jungen Frau.

»Wer sind die Engel, über die Sie so oft schreiben?« – »Engel sind Menschen, die lieben. Sie tun etwas uneigennützig für andere Menschen, die es schwer haben und Hilfe brauchen. Als ich mich im Bund ohne Namen um Ex-Gefangene kümmerte, kamen Menschen und gaben mir für sie Geld, manchmal viel Geld. Da hat man mich im Büro gefragt: ›Wer war das, kannten Sie diese Menschen?‹ Ich kannte sie nicht und gab zur Antwort: ›Das sind Engel.‹ Auf einmal waren sie da und dann auch wieder weg.«

»Und wann kommen die Engel?« – »Wenn du sie brauchst ... Engel kommen, wenn ein Mensch in Unglück gerät, um zu helfen. So kamen Menschen zu mir, als ich nach dem Schlaganfall halbsei-

tig gelähmt war, und halfen mir. Zum Beispiel Paula: Sie hatte bei uns im Büro vom Bund ohne Namen gearbeitet. Mit der rechten Hand konnte ich nichts mehr machen. Ich konnte nicht mehr schreiben, keinen Brief öffnen oder in einen Ordner legen. Da kam sie jede Woche, um mir zu helfen, Briefe zu schreiben und Ordnung in die Papiere zu bringen. Ich hatte sie nicht darum gebeten, sie kam einfach so, von sich aus. Jeder kann für andere ein Engel sein, wenn er sie nicht ihrer Einsamkeit sitzen lässt, wenn er ihnen Gutes tut, wenn er sie liebt.«

»Sie meinen, dass jeder ein Engel sein kann, es gibt aber doch viel zu wenige in dieser Welt ...«– »Meinst du? Ich denke, es gibt viele Engel.«

»Vielleicht üben Sie, Pater Bosmans, auf Engel eine besondere Anziehungskraft aus, dass viele zu ihnen kommen.« – »Ich weiß nicht, ob ich sie anziehe. Aber schau in deine Umgebung. Gibt es da nicht auch Menschen, die dir helfen, die dir etwas Gutes sagen und manchmal auch etwas Hartes, was dir trotzdem weiterhilft. Selbst wenn du etwas falsch machst, dann sagt es dir ein Engel.«

»Haben Engel eine besondere Verbindung zu Gott?« – »Engel haben nach oben gerichtete Antennen. Mit ihrer Hilfe registrieren sie Zeichen von Gott. Dank dieser Antennen lebt ein Engel lebt von innen her.«

»Aber oft sind solche Antennen auch gebrochen, sie empfangen keine Signale mehr. Kann man solche gebrochenen Antennen reparieren?« – »Ich glaube, dass die Antennen nie völlig kaputt sind. Sie funktionieren nur eine Zeitlang nicht mehr. Man hat viele Jahre keine Signale mehr empfangen und keinen Kontakt zu Gott gehabt, bis eines Tages die Antenne wieder empfängt. Denn in der Regel kann jeder ein Engel sein, wenn er nur an das Wohl anderer denkt und sich selbst dabei vergisst. Ein Engel muss nicht perfekt sein. Die Engel, an die ich glaube, sind echte Menschen. Sie können sogar weinen, obwohl sie oft Trost spenden. Wenn so ein Engel bei dir ist, wird alles heller, es geht dir besser. Ein Engel kann auch jemand sein, der nicht gläubig ist. Wenn er nur gut ist, dann bleibt er im göttlichen Bereich, im Magnetfeld Gottes. Seine Antennen empfangen Signale von Gott, selbst wenn er nicht weiß, woher sie kommen.«

»Aber wie kann man wissen, ob es ein Signal von Gott ist?« – »Man muss gut zuhören können. Ich habe dafür kein Patentrezept. Jeder empfängt diese Signale etwas anders. In einem Krankenhaus kommt es manchmal zu ungewöhnlichen Begegnungen. Als ich nach dem Schlaganfall längere Zeit selbst dort verbrachte, war da ein Patient, der mit seinem Leben Schluss machen wollte. Er hatte Aids. Die Dokumente für die aktive Sterbehilfe waren schon vorbereitet, er brauchte nur noch zu unterschreiben und fertig. Seine Frau wollte es nicht, sie bat ihn, es nicht zu tun. Ich bin ein paar Mal bei ihm gewesen. Letztlich hat er dann doch nicht unterschrieben. Inzwischen ist er gestorben, aber seine Frau ruft mich bis heute manchmal an, um sich zu bedanken, dass ich damals da war. Zufällig lag ich in der gleichen Klinik, aber in der Wirklichkeit gibt es keinen Zufall.

Ich merke relativ schnell, wenn es einem Menschen schlecht geht, wenn bei ihm etwas nicht stimmt. Da war eine Krankenschwester, die schien mir sehr bedrückt zu sein. Als ich sie nach der Ursache fragte, stellte sich heraus, dass ihr Freund sich das Leben genommen hatte. Ich war drei Monate im Krankenhaus. Manchmal habe ich mich gefragt: Warum muss ich hier so lange bleiben? Vielleicht war es gerade für diese Menschen.« – »*Diesmal waren Sie ein Engel ...*« – »Ich weiß nicht, ob die Menschen das so empfunden haben, vielleicht war es wirklich so. Das Leben wird wertvoller, wenn du an diese wunderbaren Dinge glaubst.«

An einem anderen Tag wollte die polnische Journalistin mit Phil Bosmans über das Thema »Humor« sprechen, aber sie spürte, dass er etwas anders als sonst wirkte. Das war in der Zeit, als sein Bruder und seine Schwester sehr krank waren. Darum machte sie ihm den Vorschlag, dieses Thema auf ein anderes Mal zu verschieben. Er aber sagte: »Nein, weil ich auch ein bisschen wie ein Clown bin ... Man muss viel lachen, selbst dann, wenn man traurig ist. Manchmal sage ich dann: Wenn du ganz niedergeschlagen bist und nicht mehr leben magst, probiere mal, einen Clown nachzuahmen, der in seinem Herzen weint und trotzdem spielt er, mit einem Lachen auf den Lippen, einem Kind auf der Geige etwas vor, und so wird er von den Tränen seines Herzens befreit.«

Jeder sollte ein bisschen ein Clown sein. Er steht nie im Mittelpunkt, er spielt nur während der Pause, denkt nicht an sich und hat nur ein Ziel: andere Menschen zum Lachen zu bringen. Ein Clown kann lachen, auch wenn er traurig ist. Auch Jesus hatte Sinn für Humor, das ist im Evangelium manchmal zu spüren. Als

Philippus (der Namenspatron von Phil Bosmans) zu ihm sagte: ›Du redest ständig von deinem Vater, zeig ihn uns doch mal‹, antwortete Jesus: ›Wer mich sieht, sieht den Vater.‹ Ich stelle mir vor, dass Jesus das mit einem Lächeln sagte, weil Philippus bei seiner Frage an einen Vater im biologischen Sinne dachte. Außerdem hängen Liebe und Humor zusammen. Das Geheimnis des Clowns liegt in einer tiefen, unsagbaren Trauer. Der Clown weiß, was für ein unermessliches Leid es für viele ist zu leben. Er bringt es fertig, dass du eine kurze Zeit dein Kreuz vergessen kannst. Manchmal bewirkt der Clown, dass die Menschen ihr Leid akzeptieren und sogar darüber lachen können. Er hilft, das eigene Leiden in richtigen Proportionen zu sehen und sich damit zu versöhnen. Er ist ein wunderbarer Therapeut.«

ICH LEBE GERN

In einem der letzten Interviews wurde der ehemalige französische sozialistische Staatspräsident *François Mitterand* (1916–1996), der aus einem konservativen katholischen Elternhaus stammte, gefragt, was er nach seinem Tod erwarte. Seine Antwort: »Ich hoffe, dass Gott zu mir sagen wird: Sei mir willkommen, und: Jetzt weißt du alles.« Wenn uns dieselbe Frage gestellt würde, was für eine Antwort würden wir geben? Was für eine Antwort würden Menschen unserer Umgebung geben? Etwa: »Frag mich was Einfacheres« oder: »Das hat noch Zeit« oder: »Mich interessiert das Leben hier und jetzt, und nicht, was eventuell nach dem Tod sein könnte.« Phil Bosmans ist da anderer Meinung: »An den Tod, den eigenen Tod denken wirkt befreiend. Es eröffnen sich neue Horizonte. Das Leben wird intensiver.« Seine persönliche Antwort lautet: »Am letzten Tag meines Lebens, wenn die Sonne endgültig untergegangen ist und ich hineingehe in die Nacht des Todes, will ich sagen, auch wenn ich nicht mehr reden kann: Alles ist gut … In Gott sind alle Wünsche erfüllt. Ich kann nur dankbar sein. Mein Glück ist vollkommen. Ich lebe. Ich bin im Frieden, wenn ich geborgen bin in den Armen eines unendlich lieben Gottes.«

Alles von Gott her erschließen, in allen Dingen Gott finden, das mag uns utopisch vorkommen, ist es aber nicht, wenn wir ihn auch und vor allem in uns selbst, im Grunde unserer Seele, aufsuchen können, wenn der ferne Gott uns so nahe ist, näher, als wir uns selbst sind. Phil Bosmans: »Mystik heißt eins werden wollen mit der ganzen Wirklichkeit, die Gott ist. Mystik hängt zusammen mit intensiver Liebe. Liebe ist alles. Gott.«

Wer so leben kann, für den wird das Leben einfach, er braucht nicht mehr nach Warum und Wozu zu fragen. »Es lebt« ganz einfach, das Leben, das sich selbst Grund und Ziel ist. Mit den Worten des bereits erwähnten *Meister Eckhart*: »Alle Dinge, die in der Zeit sind, haben ein Warum. Wenn man aber einen guten Menschen fragt: ›Warum liebst du Gott?‹ – ›Ich weiß es nicht, um Gottes willen!‹ – ›Und warum lebst du?‹ – ›Fürwahr, ich weiß es nicht – ich lebe gern!‹«

Danke für alles,
wofür ich keine Worte habe

Danke für alles, wofür ich keine Worte habe

Phil Bosmans ist ein Meister der Spruchweisheit. Er liebt es, alte Wahrheiten, die man vergessen hat und die doch lebenswichtig sind, in eine überraschende, verblüffende Sentenz zu komprimieren und ihnen dadurch den Glanz des Neuen zu verleihen: »Ich sage danke für alles, wofür ich keine Worte habe.« Ist das nicht paradox, ein Widerspruch in sich: danke sagen, ohne Worte dafür zu haben? Ein anderes Beispiel: »Ich brauche nichts zu besitzen, um an allem Freude zu haben.« Intuitiv verwendet Phil Bosmans das Paradox, eine uralte Form einer scheinbar unsinnigen Aussage, die zu einer tieferen Einsicht führen soll.

Im Zen-Buddhismus, einer Strömung des Buddhismus, die etwa im fünften Jahrhundert nach Christus in China durch den indischen Mönch *Bodhidharma* grundgelegt wurde, kennt man das sogenannte *Koan*, einen anscheinend widersinnigen Weisheitsspruch: »Der Meister sagte: Man redet, ohne die Zunge zu bewegen.« Auch die Bibel ist voll von Wahrheit in paradoxer Form. So heißt es im Matthäusevangelium (Kapitel 20, Vers 16): »Die Letzten werden Erste sein und die Ersten Letzte.«. Oder ein anderes Jesus-Wort: »Wer sein Leben retten will, der wird es verlieren« (Markus 8,35). Die zentrale Überzeugung des christlichen Glaubens lässt sich in dem schier unglaublichen Satz zusammenfassen: »Im Tod ist das Leben.« Wir begegnen solchen zugespitzten, paradox klingenden Wendungen auch im täglichen Sprachgebrauch auf Schritt und Tritt: »Weniger ist mehr«, »Nur wer sich ändert, bleibt sich treu«, »Der Weg ist das Ziel«. In den unveröffentlichten Texten von Phil Bosmans fand ich folgende, für seine Denk- und Sprechweise charakteristischen Sätze, über die man lange nachdenken kann: »Der Mensch – ein Wunder und ein widersprüchliches Wesen! Der Mensch ist unendlich groß, und er ist unendlich klein. Der Mensch kann alles, und er kann nichts.«

Es gibt so etwas wie einen menschlichen Grundwortschatz. Dazu gehören die ersten Wörter oder Vorformen von Wörtern, die ein Kleinkind – nicht selten zum Vergnügen der Erwachsenen – bildet und deren Auswahl von Kind zu Kind unterschiedlich ausfallen mag, meistens »Mama« und »Papa« und dann je nach Umgebung Ball, Auto, Oma usw. So lernt es – wie Adam und Eva im Paradies – die Dinge zu benennen und wächst langsam in den wunderbaren Kosmos der Muttersprache hinein.

Zum menschlichen Grundwortschatz kann man auch die Wörter und Wendungen zählen, die man als Erstes aufschnappt, wenn man in ein fremdes Land mit einer fremden Sprache kommt: »Guten Tag«, »Auf Wiedersehen«, »Bitte«

und gewiss auch »Danke«. Die meisten von uns werden bei dem Wörtchen »Danke« in verschiedenen Sprachen unterwegs sein und mindestens *thank you, merci, grazie, gracias* kennen, vielleicht auch noch das russische *spacibo*, das polnische *dzienkuje*, das kroatische *hvala* oder das griechische *efcharistó*.

Das deutsche Wort »danken« hängt mit »denken« zusammen. Wer dankt, denkt daran, was ihm Gutes getan wurde; er erinnert sich daran. Der Undankbare hat schnell vergessen, ja er hat das Gute, das ihm zuteil wurde, gar nicht wirklich wahrgenommen. Er hielt es für selbstverständlich und eine Antwort darauf für überflüssig. Undank ist eigentlich ein Unding und doch eine verbreitete menschliche Erfahrung. Nicht von ungefähr kommt das Sprichwort: »Undank ist der Welten Lohn.« Oder wie eine geliebte Tante von mir zu sagen pflegte: »Erwarte keinen Dank, sei froh, wenn sie dich nicht beschimpfen.«

Ein dankender Mensch kann staunen, mit dem Staunen beginnt ja das Denken und also auch das Danken. Ihm bleibt das Gute, das er erfahren hat, gegenwärtig. Er findet Grund zum Danken, und je mehr er darauf achtet, desto mehr Grund findet er. Seine Aufmerksamkeit richtet sich nicht nur auf das Schlimme, das es im Leben gibt, sondern mehr noch auf das Gute. Darauf achtet er, das kennt er, dafür zeigt er sich erkenntlich.

Mit dem Dank ist es wie mit der Freude. Wir brauchen dazu einen Grund. Auch wenn es tausend verschiedene Anlässe geben mag, die in uns dankbare Freude auslösen, so liegt ihnen allen liegt doch etwas Gemeinsames zugrunde: Dass uns etwas zuteil wird, das wir uns wünschen; dass wir erhalten, was wir ersehnen; dass wir empfangen, was wir lieben. Dank ist die Antwort auf erfahrene Liebe, und diese Antwort kommt, wenn sie echt ist, wiederum aus Liebe.

Ein scharfsinniger Denker, *Josef Pieper* (1904–1997), hat das in lapidarer Kürze auf den Punkt gebracht: »Wir lieben es, zu lieben.« Dabei verweist er zugleich auf die gegenteilige Einstellung, und das sei nicht, wie man meinen möchte, der Hass, sondern eine verzweifelte Gleichgültigkeit, der alles egal ist, für die nichts neu und schön, zum Staunen und Freuen ist, die nichts und niemanden zu lieben vermag. *Dostojewski* (1821–1181) lässt in seinem berühmten Roman »Die Brüder Karamasov« den Starez Sossima sagen: »Was ist die Hölle? Ich denke, sie ist der Schmerz darüber, dass man nicht mehr lieben kann.« Vielleicht ist es dieser Schmerz, unter dem heute viele Menschen leiden.

Für Phil Bosmans ist Liebe das Schlüsselwort, sie ist der geheime Motor seines Lebens, seines Wirkens und all dessen, was er geschrieben hat. Unsere Welt, sagt er, geht nicht zugrunde aus Mangel an Wissen, Sachverstand und Können, sondern aus Mangel an Liebe. Wer nicht lieben kann, kann auch nicht danken. Über die Erfahrung von Liebe, über die Erinnerung an all das Gute, das wir im Leben erfahren haben, und damit über den Grund unseres Dankes hat er wunderbar anschauliche Worte geprägt: »Danken heißt sich erinnern an das, was andere für dich taten. Menschen waren gut zu mir. Sie sorgten für mich, als ich klein war. Sie begleiteten mich, als ich größer wurde. Sie machten mir Mut, als es mir schlecht ging. Sie waren froh, weil ich froh war. Mein Herz vergisst das nicht. Das Gedächtnis des Herzens heißt Dankbarkeit.«

DAS WUNDER DES GEDÄCHTNISSES

Wissen Sie, wer Weltmeister im Gedächtnissport ist? Es gibt tatsächlich eine Sportart, bei der es zum Beispiel um das Wiedergeben von möglichst vielen Ziffern geht. *Alex Mullen*, ein 1992 geborener amerikanischer Mediziner, gewann in der Folge 2015, 2016 und 2017 die World Memory Championships, die Weltmeisterschaften im Gedächtnissport einer Stunde. Dabei müssen sich die Teilnehmer zufällige Ziffern in 25 Zeilen zu je 40 Ziffern einprägen und aufschreiben. Man kann sich natürlich fragen, wie sinnvoll solche Gedächtnisleistungen sind und ob das menschliche Gedächtnis nicht der Speicherkapazität eines Computers hoffnungslos unterlegen ist. Das Gedächtnis stellen wir uns ja manchmal wie einen großen Speicher in unserem Kopf vor, in dem wir vieltausendfache Sinneseindrücke, Informationen, Erlebnisse, Erfahrungen, Erinnerungen aufbewahren und nach Bedarf abrufen. Leider klappt das nicht immer so, wie wir uns das wünschen: Die »Festplatte« in unserem Kopf schwächelt. Dann wissen wir nicht mehr, wo wir die Schlüssel hingelegt haben. Wir kommen beim besten Willen nicht auf einen gesuchten Namen. Ein wichtiges Schreiben hält sich unauffindbar versteckt. Kaum haben wir die Wohnungstür hinter uns zugemacht, können wir uns nicht mehr genau erinnern: Ist das Fenster auch wirklich zu und der Herd wirklich aus? Ohne Gedächtnis wären wir wie tot, handlungsunfähig, ohne Kontakte, ohne Sprache, ohne Gefühle. Unser Leben würde sein Zusammenhalt verlieren.

Das Wunder des Gedächtnisses und die Kraft der Erinnerung und auch das Problem des Vergessens hat seit je die nachdenklichsten Menschen beschäftigt. »Groß ist die Kraft des Gedächtnisses, mein Gott, ein schaudererregendes Rätsel ist seine tiefe endlose Vielfalt. Und das ist der Geist, und das bin ich selbst!«, ruft *Augustinus* in seinen »Bekenntnissen« aus. »Siehe die unzählbaren Gefilde, Grotten und Höhlen meines Gedächtnisses ... All das durchlaufe ich und fliege da- und dorthin, dringe ein, so tief ich kann und komme nie ans Ende: So groß ist die Kraft des Gedächtnisses.«

Nicht nur im Altertum, auch in der Gegenwart beschäftigen sich Philosophen mit den Themen Gedächtnis und Dankbarkeit. 1992 erschien ein Tagungsband mit dem Titel »Danken und Dankbarkeit«, eine Sammlung von Referaten eines wissenschaftlichen Symposions, das von der Internationalen Akademie für Philosophie in Liechtenstein veranstaltet wurde. Beim Durchblättern kann man eine verblüffende

Entdeckung machen. In einem kurzen Nachwort zur Diskussion nach einem Referat hat ein Diskussionsteilnehmer auf sprichwörtliche Wendungen hingewiesen, wörtlich heißt es da: »Dankbarkeit sei das ›Gedächtnis des Herzens‹ oder – wie man in moderner Terminologie formulieren könnte – ein ›Vitamin für die Seele‹«. In der Wissenschaft gehört es eigentlich zu den schweren Sünden, ohne Quellenangabe zu zitieren – und solch ein »Sündenfall« ist dem Verfasser hier passiert, denn die genannten Wendungen stammen offensichtlich von Phil Bosmans, ohne dass darauf hingewiesen würde. Aber Phil Bosmans würde es sicher freuen, wenn seine Gedanken nicht nur bei den kleinen Leuten ankommen, sondern auch auf den Tagungen großer Gelehrten. Vielleicht würde er darauf hinweisen, wie sehr er selbst »zitiert« hat, nämlich aus der Quelle der Lebenserfahrung und Lebensweisheit der einfachen Menschen.

DANK IST ANTWORT AUF EIN GESCHENK

Das Wort für »danke« steht in den romanischen Sprachen nicht im Zusammenhang mit »denken«, sondern mit dem lateinischen Wort *gratia* – es bedeutet nicht nur Dank, sondern auch und zuerst Gnade als Grund des Dankes – und wird dann im Italienischen zu *grazie*, im Spanischen zu *gracias*. Selbst im französischen *merci* steckt diese Bedeutung von Gunsterweis, obwohl es von einem anderen lateinischen Wort abgeleitet ist, nicht von *gratia*, sondern von *merces*, was ursprünglich Lohn, Sold, aber dann auch Huld, Gnade bedeutet. Der deutsche Autoname »Mercedes« geht bekanntlich zurück auf den spanischen Mädchennamen »Mercedes«, die Gnädige, Holdselige. So nannte der bedeutende Geschäftsmann Jellinek, der Anfang des zwanzigsten Jahrhunderts dem Autobauer Daimler zu großem Erfolg verhalf, seine geliebte Tochter mit zärtlichem Kosenamen und übertrug ihn dann auf einen speziell für ihn gebauten, ebenfalls heiß geliebten und seinerzeit (mit vierzig Stundenkilometern) unschlagbaren Rennwagen. Wie es zu diesem Mädchennamen in Spanien kam, ist eine Geschichte für sich und hängt zusammen mit dem Loskauf von Gefangenen aus arabischer, muslimischer Sklaverei und mit einem 1218 gegründeten religiösen Orden, der sich den Loskauf christlicher Sklaven vor allem in Südspanien und Nordafrika zur Aufgabe gemacht hatte, den sogenannten »Mercedariern«.

Mit dem Wort Gnade können wir heutzutage nicht allzu viel anfangen, da klingt zu viel Abhängigkeit, Unfreiheit mit. Menschen erheben mit Recht Anspruch auf ihre Rechte und wollen nicht auf Gnade und Barmherzigkeit angewiesen und schon gar nicht der Willkür ausgeliefert sein. Aber bei allem Einsatz und Kampf für die Menschenrechte sind Geiselnahme und Versklavung, welcher Art auch immer, immer noch und auch heute eine schreckliche Geißel der Menschheit. Auch heute kommt es immer wieder vor, dass Menschen entführt, gefangen gehalten, mit dem Tode bedroht und, wenn es gut geht, gegen ein gewaltiges Lösegeld freigelassen werden. Dann sind sie endlich von ihrer Qual erlöst und überglücklich, an ihrer Freude und Dankbarkeit nimmt manchmal die ganze Weltöffentlichkeit Anteil.

Sicherlich, mit solchem Dank für Rettung aus extremer Not lässt sich der alltägliche Dank kaum vergleichen, wenn wir auf eine Auskunft, eine freundliche Geste, eine kleine Gefälligkeit mit dem Wörtchen »Danke!« reagieren. Und doch, wenn das nicht nur eine mehr oder weniger gedankenlose Höflichkeitsfloskel ist, dann spüren wir: Hier wurde uns ein Gefallen getan, auf den wir eigentlich keinen Anspruch hatten, zu dem das Gegenüber nicht verpflichtet war, der uns aus freien Stücken erwiesen wurde. Wir sagen dann vielleicht noch zusätzlich: »Das ist aber sehr freundlich von Ihnen« oder »Das ist aber nett von dir«. Kein Mensch würde das heute als Gnade bezeichnen, und doch ist es etwas, was wir unverdient empfangen, nicht durch Verdienst erworben oder gegen Bezahlung gekauft haben. Es wird uns geschenkt. Dank ist Antwort auf ein Geschenk.

Hans-Georg Gadamer, einer der bedeutendsten Philosophen des zwanzigsten Jahrhunderts (1900–2002), kommt in einem Vortrag über Dank und Dankbarkeit auf das Geschenk zu sprechen: »Ein Geschenk geben ist gar nicht ganz einfach. Es gibt so etwas wie ein Genie (eine besondere Begabung, auch mit fantasievollem Einfallsreichtum), schenken zu können; und es gehört auch eine gar nicht selbstverständliche Menschlichkeit dazu, sich etwas schenken lassen zu können. Denn wenn der Schenkende sofort in dem anderen den Gedanken an ein Gegengeschenk spürt, ist der Sinn des Schenkens schon zerstört. Der Austausch von Geschenken scheint mir ebenso eine Verkürzung des eigentlichen Wesens des Geschenks, wie mir auch der Dank dort verkürzt erscheint, wo er sich durch eine solche Gegenleistung ausdrücken muss.«

Für unser alltägliches kleines Wörtchen »Danke« sagt man in Griechenland *efcharisto*. Darin steckt das alte Wort *charis* – wir kennen es, wenn es von einem Menschen mit großer Ausstrahlungskraft heißt: Er hat Charisma. Wenn wir jemandem ein Geschenk machen, dann wollen wir ihm eine Freude machen, wir wollen uns mit ihm freuen. Nicht nur Mitleid, sondern auch Mitfreude, auch das ist eine Form von Liebe: sich freuen am Glück des anderen. Hierzu weist Gadamer in dem erwähnten Vortrag darauf hin, dass im Griechischen das Wort für Dank direkt mit dem Wort für Freude verbunden ist. Schenken bedeutet hier: ›den anderen in seiner Freude wollen‹. »Das geht weit über das hinaus, was ein Mensch, der das will und wünscht, wissen kann, was dem anderen Freude macht. Oft treffen wir nicht das Richtige, wenn wir jemandem eine Freude machen wollen. An diesem Begriff zeigt sich, wie sehr Schenken über sich selbst hinausgeht. Es meint den anderen. Das eigentliche Geschenk ist nicht, was ich gerne geschenkt hätte, sondern wovon ich annehme, dass *der andere* es gerne von mir geschenkt bekäme.« Und dieser weise Philosoph fügt an: »Nun, das sind sehr alltägliche und bekannte Dinge, aber Philosophie ist nun einmal die Kunst, am Selbstverständlichen etwas zu begreifen.«

DANKE SAGEN UND DANKBAR SEIN

Vielleicht erinnern wir uns an Situationen aus der eigenen Kindheit oder der unserer Kinder, wie schrecklich es manchmal empfunden wurde, der Oma oder dem Onkel oder wem auch immer für ein Geburtstags- oder Weihnachtsgeschenk einen Dankesbrief zu schreiben. Solche quälende Verpflichtung zum Dank konnte sich schon mal in dem Stoßseufzer Luft verschaffen: »Lieber nichts geschenkt bekommen als so ein blöder Brief!« Danken ist mehr als Dankeschön sagen. Das Leuchten in den Augen der Beschenkten, ob klein oder groß, ihre Überraschung, ihre spontane Freude ist für den Schenkenden eigentlich schon Dank genug. Das muss ihm oder ihr nicht noch wortreich demonstriert werden, auch wenn das vielleicht erwartet wird. Mit Blick auf solche Hintergedanken sagt die Volksweisheit in entwaffnender Einseitigkeit: »Wer für seine Liebe Dank erwartet, liebt nicht.«

Dankbarkeit ist eine Tugend, die mit der menschlichen Reife wächst. Aber nicht nur jugendliche, heranreifende Menschen tun sich oft schwer damit. Sie möchten niemandem verpflichtet sein, möglichst alles sich selbst verdanken und sich nichts schenken lassen. Sie fürchten, etwas von ihrer Freiheit zu verlieren, irgendwie abhängig zu werden. Aber kein Mensch vermag allein aus eigener Kraft zu leben, das Beste muss ihm immer geschenkt werden. Es gehört eine innere Freiheit dazu, sich beschenken zu lassen, sich unbeschwert am Unverdienten zu erfreuen und dafür dankbar zu sein.

Mit dem Alter werden viele Menschen immer dankbarer, auch wenn es traurige Ausnahmen von dieser Regel gibt. Treffend hat der jüdische Religionsphilosoph *Martin Buber* gegen Ende seines Lebens gesagt: »Je älter man wird, um so mehr wächst in einem die Neigung zu danken. Vor allem nach oben. Das Leben wird ja nun, so stark wie es nie zuvor möglich gewesen wäre, als eine unentgeltliche Gabe empfunden, und gar jede restlos gute Stunde nimmt man wie ein überraschendes Geschenk mit ausgestreckten, dankbaren Händen entgegen.« Wenn heute viel von Beziehung und Begegnung von Mensch zu Mensch die Rede ist, geht das nicht zuletzt auf den Einfluss Bubers seit seinem Hauptwerk »Ich und Du« zurück, mit dem er zum Begründer der Dialogphilosophie wurde. »Sodann verlangt es einen mal und mal, seinem Mitmenschen zu danken, selbst wenn der nichts Besonderes für einen getan hat. Wofür denn? Dafür, dass er mir, wenn er mir begegnete, wirklich begegnet ist, dass er die Augen auftat und mich mit keinem anderen verwechselte, dass er die Ohren auftat und zuverlässig vernahm, was ich ihm zu sagen hatte; ja, dass er das auftat, was ich recht eigentlich anredete, das wohlverschlossene Herz.«

Zu den Seltsamkeiten des menschlichen Lebens gehört es, dass wir die guten Tage gewöhnlich für selbstverständlich halten. Erst wenn Gesundheit in Krankheit umschlägt, wenn Wohlbehagen von Schmerz durchkreuzt wird, wenn an die Stelle von Unbeschwertheit die Last der Sorgen tritt, gerät man ins Grübeln. Viele fangen an zu klagen, und nicht selten wird die Klage zur Anklage, auch zur Anklage gegen Gott. Wer sich bewusst bleibt, dass die guten Tage des Lebens ein Geschenk sind, auf das wir keinen Anspruch haben, dem wird es schwerer fallen, Glück einzufordern, wenn sich die Zeiten ändern. Er wird nicht verzweifeln, wenn das Leben seine Schatten auf ihn wirft. Denn auch Schatten haben ihren Sinn. Ja, er wird vielleicht sogar einer Wahrheit zustimmen, die in unserer Spaß- und Spielgesellschaft absurd klingt und die vor hundertfünfzig Jahren *Adalbert Stifter* (1805–1865), ein vom Leben tief gezeichneter Dichter, so formuliert hat: »Durch Schmerzen sind die Menschen größer geworden als durch alle Freuden dieser Welt.«

Ein bewegendes Zeugnis für diese Wahrheit ist das Leben von *Ernst Ginsberg* (1904–1964). Der aus einer jüdischen Arztfamilie stammende Schauspieler gehörte zu den bedeutendsten Akteuren der großen Bühnen, vor der Nazizeit in Berlin, nach der Emigration in Wien und dann vor allem in Zürich. Mitten in einer glänzenden Karriere trifft ihn eine unheilbare Krankheit (Lateralsklerose), eine über mehrere Jahre hin unaufhaltsam fortschreitende Lähmung aller Organe bei wachem Geist.

Zu seinem sechzigsten Geburtstag – er starb einige Monate später – schreibt er den vielen Freunden am Zürcher Schauspielhaus: »Wäre ich nur gelähmt, wie ich's an Armen und Beinen bin, ich hätte mich zu Euch fahren lassen. Aber seit kurzem ist auch meine Sprache erkrankt: sie schleppt und gurgelt und quält sich in mir selbst ganz fremden, tiefen Tönen mühsam von Satz zu Satz. Und das wollte ich Euch und mir ersparen. Sicher, diese letzte Rolle, von der ich nie geahnt hätte, dass sie in mein Fach schlagen würde, ist die schwerste meines Lebens. Lasst Euch bitte von niemandem einreden, ich spielte sie heldenhaft. Das ist nicht wahr. Es wäre auch übermenschlich. Aber ich habe Grund, für so vieles zu danken, dass sich das Schwere leichter trägt.« Er dankt für die Rettung aus Hitler-Deutschland, er dankt vielen Menschen und dann am Ende: »Vor allem aber habe ich zu danken, dass mein Herz und mein Kopf mich, selbst in den furchtbarsten Lebenserfahrungen, davor bewahrt haben, jemals zu den unseligen Anbetern des Nichts zu gehören. Wie einst mit achtzehn Jahren, so bekenne ich auch heute mit sechzig, dass ich den Sinn dieses Lebens nur in der Dankbarkeit für das Wunderwerk des Daseins, in der Freude am Leben und in der Liebe zu erblicken vermag.«

Der literarisch hoch gebildete und auch schriftstellerisch tätige Mann konnte sich zuletzt nur mit Hilfe von Buchstabentafeln und Bewegungen der Augenlider verständlich machen und so seine Gedichte verfassen. So heißt es von ihm zum Abschied: »Wer läuft am schnellsten zu Gott? – Der Lahme! / Wie eilt, wie springt, wie stürzt er in Gottes / unendlich geöffnete Arme!« Ergreifend sind seine letzten Gebete in Gedichtform: »Ich bitte Dich, Herr, um die große Kraft / diesen kleinen Tag zu bestehen / um auf dem großen Wege zu Dir / einen kleinen Schritt weiterzugehen.« Oder: »Oh mein Gott, in der Sturmflut dieser Zerstörung / in der mir die Sprache röchelnd ertrank / lass mir – oh schenk meiner Bitte Erhörung – / nur dieses einzige Wort noch: Dank.« Und zuletzt: »Nun wird es Zeit zu danken … / Das Wort vermag es nicht! / Doch Du nimm den Verstummten, / Herr, wortlos heim ins Licht.«

KULTUR DER DANKBARKEIT

Solch ein Dank ist ohne Glauben undenkbar. Glaube aber ist nicht machbar. Er ist ein Geschenk. Phil Bosmans sagt: »Glaube ist eine Gabe. Du kannst sie nicht erobern. Du kannst sie nicht einfordern.« So versteht er auch die Nichtglaubenden: »Ich habe Freunde, die bewusst nicht glauben und sehr gute Menschen sind« und äußert alle Achtung vor ihnen, die, wie er sagt, »für das große Geheimnis des menschlichen Lebens geöffnet sind und sich bewegen im Kraftfeld einer großen Liebe zu den Menschen«. Wo Achtung vor den Wundern der Schöpfung herrscht und Liebe zu dem größten dieser Wunder, dem Menschen, da wird sich auch ein Klima der Dankbarkeit ausbreiten. Ohne das milde Licht der Dankbarkeit wäre es in dieser Welt kalt und dunkel.

Lässt sich in unserer Welt etwas von diesem Licht entdecken, lässt es sich entzünden, lassen wir uns davon anstecken? Zur Kultur des Herzens, für die Phil Bosmans und sein Bund ohne Namen eintreten, gehört auch eine Kultur der Dankbarkeit.

So haben seit unvordenklichen Zeiten Menschen für den Segen der Erntegaben gedankt, und das geschieht auch heute noch, selbst wenn sich die Methoden, Felder zu bewirtschaften, völlig verändert haben und Nahrungsmittel industriell produziert und vermarktet werden.

In den Vereinigten Staaten gibt es einen staatlichen Feiertag (jeweils am vierten Donnerstag im November), der für viele Amerikaner der höchste Feiertag ist: *Thanksgiving Day* – »Danksagungstag«. Bei uns wird ja vieles aus Amerika übernommen, aus der Welt der Wirtschaft, der Medien, der Computerbranche, vor allem auch in der Sprache. Doch von *Thanksgiving Day* bei uns keine Spur – obwohl man hierzulande gegen ein solches Familienfest mit traditionellem Festessen wohl nichts einzuwenden hätte. Und vielfach gehört dazu, dass die Teilnehmer sagen, wofür sie in diesem Jahr besonders dankbar sind und dass man ein Dankgebet spricht oder singt. Es braucht nicht viel Fantasie, sich die großen Probleme der aus Holland stammenden Pilgerväter des siebzehnten Jahrhunderts auf dem fernen, unbekannten Kontinent vorzustellen, sie drohten zu verhungern und den Winter nicht zu überleben. Nach einer Überlieferung haben »Indianer«, die *native Americans,* sie aus Todesgefahr errettet. Jedenfalls hatten sie damals allen Grund zu danken. Und so geschieht das in den Vereinigten Staaten und auch in Kanada, teils in Verbindung mit Erntedank, bis heute.

Wie steht es bei uns mit einer Kultur der Dankbarkeit? Es gibt einen Text von Phil Bosmans, den er mit dem Titel »Mein letztes Gebet« überschrieben hat: »Ganz tief in mir selbst und in allem, was um mich ist, spüre ich ein großes Geheimnis. Gott, für mich bist du ganz nah, für mich bist du da, spürbar, gegenwärtig. Du bist ein Gott der Liebe. Alles hast du mir gegeben, alles, was ich habe, und alles, was ich bin.« Was ist seine Antwort darauf, sein letztes Wort? »Lieber Gott, alles hast du mir gegeben. Gib mir noch eins: ein dankbares Herz.«

Liebe ist wie das Wasser:
lebensnotwendig

Liebe ist wie das Wasser: lebensnotwendig

Das Eine, auf das es ankommt: Seit Beginn des Denkens werden Menschen von der abgründigen Frage bewegt, ob es möglich ist, der verwirrenden Vielfalt, dem Chaos des Lebens, dem Durcheinander von Gutem und Bösem etwas gegenüberzustellen, das alles verbindet und zu einem Ganzen vereint – so, als denke man an die unzähligen einzelnen Wassertropfen: Wie verhalten sie sich zu dem Einen, dem alles vereinenden Meer?

DER URSPRUNG VON ALLEM

Im sechsten Jahrhundert vor Christus erwachte in Griechenland, in einer Kultur, die noch von mythischen Göttervorstellungen durchdrungen war, die nüchterne Frage nach dem Ursprung von allem. Eine Frage, die bis heute nicht zur Ruhe gekommen ist, wenn wir nur an die Theorie von der Entstehung des Universums aus dem sogenannten »Urknall« (*Big Bang*) denken oder an *Charles Darwins* (1809–1882) berühmte »Entstehung der Arten« und die Evolutionslehre. Die Antwort eines der damals hochberühmten »sieben Weisen«, *Thales von Milet* (624–544 vor Christus), von dem man freilich kaum etwas historisch Gesichertes weiß, lautete: »Das Wasser ist der Ursprung von allem.« Wir wissen nicht, ob er dabei an die griechische Inselwelt dachte, die sich gleichsam aus dem Mutterschoß des alles tragenden und umgebenden Wassermeeres erhebt, oder ob ihm vor Augen stand, wie alles Lebendige in der Welt dadurch ins Leben kommt und sich im Leben erhält, dass es vom Wasser getränkt wird: »Das Wasser ist der Ursprung von allem.«

Die griechische Antike – wie später das Römische Reich – kannte allerdings nicht nur die philosophische Beschäftigung mit dem Wasser, sondern wusste um seine reinigende, entspannende, heilende Wirkung, die zumindest die reichen Bürgerinnen und Bürger in luxuriösen Badeanlagen erleben durften. Hier tut Wasser nicht nur dem Leib, sondern auch der Seele gut: die wohltuende Wärme, die Leichtigkeit, mit der sich die müden, starren, schmerzenden Glieder wieder bewegen lassen, die Entlastung, die die Erdenschwere wenigstens für ein Stündchen weniger bedrückend erscheinen lässt. Dazu kommt vielleicht noch die Wirkung der Mineralien, die in dem Wasser gelöst sind und den Organismus positiv beeinflussen sollen.

Menschen früherer Jahrhunderte haben also bereits zu schätzen gewusst, was heute von Heil- und Thermalbädern als »Wellness« angepriesen und vermarktet wird. Bedeutende Kurorte haben eine lange Geschichte. In Aachen mit den heißesten Quellen Mitteleuropas hat schon *Karl der Große* Linderung seines Rheumas gesucht. Die Römer liebten ihre Bäder, in Rom gab es 867 öffentliche Bäder, in den großen Thermen konnten gleichzeitig mehrere tausend Menschen nicht nur baden, sondern hier spielte sich auch ein Großteil des gesellschaftlichen Lebens ab. Kein Wunder, dass sie in den eroberten Ländern die Orte besonders schätzten, wo es heiße Quellen gab und sie sich ein bisschen wie zu Hause fühlen konnten.

Nicht nur in heißem Wasser stecken wohltuende und auch heilende Kräfte. Das hat ein 23-jähriger junger Mann mit Namen *Sebastian Kneipp* (1821–1897), aus ärmsten Verhältnissen stammend, buchstäblich am eigenen Leib erfahren. »Mich hat nicht der Beruf oder die Vorliebe für das Medizinieren dazu gebracht, die heilsamen Wirkungen des Wassers zu erproben, sondern die bittere Not.« Diese Not hieß Schwindsucht im fortgeschrittenen Stadium mit Bluthusten – im neunzehnten Jahrhundert ein Todesurteil. Er hatte etwas gelesen über die Therapie mit frischem Wasser und erprobte sie mit der eisernen Energie, die kurze Vollbäder in der eisigkalten Donau mitten im Winter erfordern, an sich selbst aus – mit Erfolg. Er wurde wieder gesund und gab seine Erfahrungen an leidende Menschen weiter, denen Ärzte nicht helfen konnten. Daraus entwickelte sich im Laufe von über hundert Jahren eine anfangs von Medizinerkreisen belächelte und bekämpfte, inzwischen wissenschaftlich anerkannte Therapieform, ausgehend von der Heilkraft des Wassers.

In mitteleuropäischen Lebensverhältnissen ist man es weitgehend gewohnt, dass sauberes Trinkwasser kommt, wenn man den Wasserhahn aufdreht. Wir halten das für genauso selbstverständlich wie das Einschalten von elektrischem Licht. Aber wenn der Strom und auch das Wasser teurer wird, fängt man an, sparsamer damit umzugehen. Wenn im Hochsommer Hitzetage kommen und Pflanzen, Tiere und Menschen nach Wasser lechzen, wird auch uns bewusst, wie quälend der Durst und wie kostbar, lebensnotwendig das Wasser ist. Die Wasserfrage ist für Millionen von Menschen, vor allem in den heißen Regionen der Erde, längst zu einer Überlebensfrage geworden. Internationale Konzerne beginnen, aus dem »Menschenrecht Wasser« einen Verkaufsartikel zu machen.

Die berühmte Märchenerzählung »Der kleine Prinz« von *Antoine de Saint-Exupéry* beginnt mit einer Flugzeugpanne in der Sahara, tausend Meilen von jeder bewohnten Gegend entfernt. Der Ich-Erzähler ist allein: »Es war für mich eine Frage auf Leben und Tod. Ich hatte für kaum acht Tage Trinkwasser mit. Ich war viel verlassener als ein Schiffbrüchiger auf einem Floß mitten im Ozean.« Dahinter stehen reale Erfahrungen des Autors, der von Beruf ein leidenschaftlicher Flieger und zugleich ein großartiger Schriftsteller war, bei einem Flugzeugabsturz in der Libyschen Wüste, die er in dem Buch »Wind, Sand und Sterne« schildert.

Der dramatische Höhepunkt ist das Kapitel »Durst«. Darin erzählt er, wie er todgeweiht durch die Wüste zieht: »Die Wüste bietet keine Deckung. Tags schenkte sie keinen Schatten, nachts lieferte sie einen nackt dem Wind aus.« Ohne Wasser scheint es keine Überlebensmöglichkeit für ihn zu geben. Die Signale seines Körpers deutet er schon als Vorboten des Todes. Plötzlich taucht, wie aus dem Nichts, ein Beduine auf. Der holt für den verdurstenden Fremden Wasser von seiner Karawane. Noch in der Erinnerung bricht Antoine de Saint-Exupéry in einen Hymnus auf das Wasser aus: »Dank deiner Segnung fließen in uns wieder alle bereits versiegten Quellen der Seele. Du bist der köstlichste Besitz dieser Erde ... Du schenkst uns ein unbeschreiblich einfaches und großes Glück.«

Die wohl berühmteste Geschichte des Überlebens geht auf ein Ereignis vor etwa dreihundert Jahren zurück. 1709 machte ein englischer Kapitän mitten im Südpazifik, über 600 Kilometer vom chilenischen Festland entfernt, eine aufsehenerregende Entdeckung. Auf einer unbewohnten Insel trifft er einen Menschen an, der von einem Piratenschiff ausgesetzt worden war und dem es gelungen war zu überleben. Viereinhalb Jahre hauste der schottische Matrose allein auf der menschenleeren Insel, bis er schließlich zufällig entdeckt und gerettet wurde. Diese sensationelle Geschichte diente damals dem Schriftsteller *Daniel Defoe* (1660–1731) als Vorlage für den zehn Jahre später erschienenen Roman »Das Leben und die seltsamen Abenteuer des Robinson Crusoe ... geschrieben von ihm selbst«, ein

Klassiker der Weltliteratur mit der unsterblich gewordenen Figur des Titelhelden. Was macht über Jahrhunderte hinweg die Faszination dieses Buches aus? Weshalb wird das Buch in jeder Generation neu verschlungen? Nicht nur Pädagogen und Psychologen, sondern auch Literaten und Filmemacher lassen sich vom Robinson-Stoff immer wieder inspirieren. Zum Beispiel zum Film »Cast away – Verschollen« aus dem Jahr 2000, eine Übertragung ins Moderne – aus dem abenteuerlustigen Matrosen des achtzehnten Jahrhunderts aus Schottland wird ein erfolgsbesessener Angestellter eines Logistikunternehmens aus New York, aus der Schiffskatastrophe ein Flugzeugabsturz. Das Wasser ist in allen Robinson-Geschichten nicht nur das Lebensnotwendige, sondern in Gestalt des Meeres auch das Bedrohliche und Trennende: Ohne fremde Hilfe ist der Ozean nicht zu bewältigen.

LEBENSNOTWENDIG

»Lebensnotwendig« ist das Stichwort: Was braucht ein Mensch unbedingt zum Leben? Robinson verkörpert den Menschen im Überlebenskampf, im Kampf ums Dasein. Es geht um die Grundbedürfnisse des Lebens: Er braucht Wasser zum Trinken, Nahrung zum Essen, Kleidung gegen Kälte, Unterkunft zum Wohnen, Sicherheit zum Schutz vor Gefahren. Was die Menschheit in ihrer Entwicklungsgeschichte im Laufe von vielen Jahrtausenden gelernt hat, ist hier gleichsam im Zeitraffer zusammengefasst und auf das Überleben und Erleben eines Menschen konzentriert.

Dabei geht es nicht nur um materielle Existenzsicherung; Robinson macht sich weitergehende Gedanken und erinnert sich, was er noch von früher von Gott und der Bibel weiß. Er beginnt ein Tagebuch zu führen; er versucht, mit seiner scheinbar aussichtslosen Situation dadurch zurechtzukommen, dass er dem Negativen Positives gegenüberstellt. So notiert er zum Beispiel: »Schlimm: Ich bin auf eine schreckliche einsame Insel verschlagen. – Gut: Aber ich bin am Leben, ich bin nicht wie alle meine Gefährten ertrunken.« Kein Mensch kann auf die Dauer allein leben. Auch Robinson nicht. Eines Tages macht er eine beunruhigende Entdeckung: Menschen sind auf seine Insel gekommen, um ein kannibalisches Opferfest zu feiern, wie er voller Schrecken herausfindet. Eines der unglücklichen Opfer vermag er zu befreien und hat nun endlich ein menschliches Gegenüber. Das ist zwar keine Eva wie bei Adam im Paradies, aber immerhin. Mühsam lernt er, sich mit diesem buchstäblich wildfremden Menschen, dem er das Leben gerettet hat, zu verständigen, und er ist nicht mehr allein.

Das Ganze könnte man auch als das Modell eines Lernprozesses ansehen, den im Grunde jeder Mensch neu durchmacht. Er muss lernen, sich um Nahrung, Wohnung, Ausbildung, Arbeit, Gesundheit, Sicherheit zu kümmern. Das gilt nicht nur für den Einzelnen, sondern ähnlich für Familien, Gruppen, Gemeinden. Vor solchen Herausforderungen stehen heute in unvergleichlich größerem Ausmaß ganze Völker, vor allem wenn wir an die schweren, schier unheilbaren Wunden denken, unter denen so viele Menschen leiden: Dürre, Hunger, Armut, Arbeitslosigkeit, mangelnde medizinische Versorgung, fehlende Bildungschancen, ganz zu schweigen von Gewaltausbrüchen, Terror, Krieg und Bürgerkrieg. Millionen Menschen fehlt, was zu einem menschenwürdigen Leben und oft zum nackten Überleben notwendig ist. Es fehlt das Lebensnotwendige.

MENSCHENRECHTE UND DIE LIEBE

Was Menschen unbedingt zu einem menschenwürdigen Leben brauchen, darauf haben sie ein Recht. Im Laufe von Jahrhunderten wurde diese Idee immer gründlicher durchdacht und immer umfassender festgeschrieben – nach den barbarischen Erfahrungen des Zweiten Weltkriegs vor allem in der »Allgemeinen Erklärung der Menschenrechte« der Vereinten Nationen von 1948. Aber auch hier scheint sich seitdem die Schere zwischen Idee und Wirklichkeit – ähnlich wie die Schere zwischen den vielen immer Ärmeren und den wenigen immer Reicheren – nur noch weiter zu öffnen. Zahllos sind nach wie vor die Menschenrechtsverletzungen, unbegreiflich oft die Motive der Täter, unvorstellbar das Leid der Opfer. Gibt es einen rettenden Ausweg?

Die Antwort von Phil Bosmans auf diese Situation ist einfach und mag nicht wenigen allzu einfach erscheinen: »**Der einzige Weg, auf dem Menschen menschlicher werden, ist die Liebe. Liebe muss die Norm sein, das Fundament.**« Ein Menschenrecht auf Liebe, für Phil Bosmans das erste und fundamentalste Recht jedes Menschen, der auf die Welt kommt, wird man aber in den dreißig, sicherlich sehr wichtigen und sinnvollen Artikeln der Menschenrechtserklärung vergeblich suchen.

Vielleicht war den bei der Erklärung maßgeblichen Politikern, Völkerrechtlern, Philosophen der Begriff Liebe zu wenig konkret, aber das gilt auch für andere zentrale Begriffe dieses Dokuments wie »Recht auf Leben, Freiheit und Sicherheit der Person«. Vielleicht sind auch heute viele überzeugt, Liebe habe in der Politik nichts zu suchen. Dazu bemerkt Phil Bosmans: »**Wenn man das Wort Liebe im Sinn der Sexfilme verwendet, hält das alle Welt für normal. Wenn man es in seinem wahren Sinn gebraucht, gilt man heute als hoffnungslos verrückt oder als ein naiver Träumer, den man nicht ernst nehmen kann.**« Um der Menschen in großer Not willen hat er sich auch bei aktuellen Problemen immer wieder in die öffentliche Diskussion eingemischt und so auch den politisch Verantwortlichen die Meinung gesagt und ins Gewissen geredet. Diese Seite seines Wirkens darf nicht unterschätzt und besserwisserisch belächelt werden, weil man meint, mit einer Philosophie des Herzens sei kein Staat zu machen. Er sagt: »**Liebe ist nicht zu verwech-**

seln mit Sentimentalität oder Almosen, mit Werken aus Gnade und Barmherzigkeit. Liebe hat nichts zu tun mit der Solidarität innerhalb mächtiger Gruppen und Parteien, wo man nur sich selbst und seinesgleichen hilft. – Wir werden nicht durch ein perfektes Gleichgewicht der Macht in der Welt überleben, nicht durch Wohlstand und Komfort, nicht durch Wissenschaft und Technik und die Wunder der Elektronik, wir werden einzig und allein überleben durch das Eine, was so menschlich und so göttlich ist: Liebe.«

LIEBE IST LEBENDIGES WASSER

Immer wieder macht das Wort »Krise« in der Öffentlichkeit die Runde, in den 1970er-Jahren war von der »Ölkrise« die Rede, 2008 war das Wort »Finanzkrise« das »Wort des Jahres«, in den letzten Jahren ist die »Flüchtlingskrise« im Gespräch. Nicht immer ist das Wort erhellend. In seinem Buch »Liebe wirkt täglich Wunder« überschreibt Phil Bosmans einen Abschnitt mit den Worten: »Die große Krise«. Angesichts von Wirtschaftskrisen, Energiekrisen, Finanzkrisen, aber auch von Krisen im menschlichen Zusammenleben, von Krisen in der Gesellschaft, in Ehen und Familien sucht er nach dem tieferen Grund. Unter diesen Vorgängen an der Oberfläche, sagt er, »sitzt tief darunter die eigentliche Krise: die Krise der inneren Einstellung, die Geisteskrise«.

Als ich Phil Bosmans Anfang der 1980er-Jahre wieder einmal besuchte, sprachen wir über die öffentliche Stimmung, die tief deprimiert war. Es ging darum, den Menschen Mut zu machen, eine Aufgabe, heute so aktuell wie damals. So bekam das damals entstehende neue Buch den Titel »Ja zum Leben«.

Im Vorwort spricht Phil Bosmans die Leser wie in einem Brief unmittelbar an: »Liebe Freunde, in unserer Welt hat sich eine große Traurigkeit breitgemacht. Wir leben in einer großen Wüste. Wüste ist das Land, in dem nichts mehr wächst. Und ich höre Euch sagen: Was können wir denn schon machen? Dies möchte ich Euch ans Herz legen: Wir können viel, sehr viel. In einer großen Wüste können wir kleine Oasen sein, wo alles wieder anfängt zu wachsen und zu blühen. Wir müssen die Krise entdramatisieren. In dieser Zeit der Energiekrise müssen wir eine neue Energie erschließen, die gewaltige, aber ganz in Vergessenheit geratene Ur-Energie: Liebe.«

Und ganz persönlich werdend fährt er fort und bekennt: »Für mich ist Liebe eine wunderbare Lebenskraft, sichtbar und voll entfaltet in Jesus von Nazaret. Ich höre seine Stimme, wie sie in der Wüste ruft: ›Wenn einer Durst hat, soll er zu mir kommen und trinken. Das Wasser, das ich euch gebe, wird in euch zu einer Quelle werden. Ein Strom lebendigen Wassers wird aus euch entspringen.‹« Davon ist er überzeugt: »Wo eine Quelle ist, da kann eine Oase wachsen. Wasser ist ein gewaltiges Naturelement. Ein Tropfen kann einer Blume die Kraft geben, sich wieder aufzurichten. Nur Wasser kann eine Wüste verwandeln. Wasser ist Leben. Liebe ist lebendiges Wasser.«

Zeit seines Lebens ist der Mensch auf der Suche nach diesem Wasser, ungeachtet aller Fehlversuche, Durststrecken, Erschöpfungen und Verirrungen. Es gibt aber eine doppelte Suchbewegung. In den Wüsten dieser Welt ist nicht nur der Mensch auf der Suche nach der rettenden Oase, nach der Quelle lebendigen Wassers. Auch das lebendige Wasser, das Liebe ist, sucht den Menschen. In begeisterten, geradezu visionären Worten sagt Phil Bosmans: »Ich höre das Lied vom lebendigen Wasser, wie es auf die Suche geht nach dürrem Land, nach Menschen in der Wüste … Ich höre das Wasser jubeln und jauchzen über jedes Herz, das sich öffnet, und über alle Menschen, die vom lebendigen Wasser trinken und trunken werden von Liebe.«

ES GIBT NICHTS WICHTIGERES

Wovon das Herz voll ist, davon läuft der Mund über. Diese Lebensweisheit trifft auch, so könnte man sagen, auf Phil Bosmans zu. In seinen Texten hat er immer wieder Lebensfragen des Menschen in origineller, pointierter Form auf den Punkt gebracht: »Wer mit seinen Augen nur auf sich selbst starrt, wird blind für die Welt und die anderen Menschen. Du wirst niemals zur Ruhe kommen, wenn du nicht Frieden findest in deinem Herzen. Du wirst niemals Frieden im Herzen finden, wenn es sich nicht öffnet für das Wunder der Liebe. Es gibt nichts Schöneres, als geliebt zu werden, und es gibt nichts Wichtigeres, als wieder zu lieben.«

1993 lebte Pater Bosmans längere Zeit in Hasselt und sorgte für die todkranke Pfarrhaushälterin Leontine Franck, die ihn vierzig Jahre vorher, als er selbst scheinbar hoffnungslos krank war, zwei Jahre gepflegt und so entscheidend zu seiner Genesung beigetragen hatte. In diesen Monaten arbeitete er am Manuskript seines Buches »Zum Glück zu zweit«, es sollte das letzte sein, das er im Vollbesitz seiner körperlichen Kräfte verfassen konnte, einige Wochen später erlitt er einen schweren Schlaganfall. Auf den ersten Seiten steht eine Art Kurzfassung, eine freie Wiedergabe des berühmten »Hohenlieds der Liebe« aus dem dreizehnten Kapitels des ersten Korintherbriefs: »Die Liebe ist geduldig. Die Liebe ist gütig. Die Liebe ereifert sich nicht, macht sich nicht wichtig, bläht sich nicht auf. Sie handelt nicht ungehörig, sucht nicht das Ihre, lässt sich nicht aufreizen, trägt das Böse nicht nach. Sie freut sich nicht über Unrecht, sie freut sich über die Wahrheit.«

Die Pointe dabei liegt in einer Parallelspalte mit fast dem gleichen Text, nur einer Veränderung. In dem kleiner gedruckten Vorspann zu dieser Spalte heißt es: »Ein kleiner Test für eure Liebe. Setzt dort, wo ›Liebe‹ steht, eure Namen ein. Dann kennt ihr die Qualität eurer Liebe.« Das hört sich dann so an, und so steht es dort: »Inge ist geduldig. Peter ist gütig. Inge ereifert sich nicht, macht sich nicht wichtig ... Peter handelt nicht ungehörig, sucht nicht das Seine.« usw. In dem Anfangskapitel dieses Buches mit »Vitaminen für Verheiratete und für alle, die gemeinsam durchs Leben gehen« hat Phil Bosmans sicherlich an Frischverliebte und Jungverheiratete gedacht. Das Buch ist in vielen Auflagen erschienen und ein klassisches Hochzeitsgeschenk geworden. Aber es spricht auch nichts gegen einen Selbstversuch. Solch einen Test an mir selbst ausprobieren, eine Art Qualitätsprüfung meiner eigenen Liebe, könnte – wenn ich dabei ehrlich bin und nicht etwa mogele – recht aufschlussreich werden, vor allem wenn ich diese Selbsteinschätzung mit der Fremdeinschätzung durch einen Menschen vergleiche, der mich sehr gut kennt und dem ich vertraue. Die Seite mit dem Text des Hohenlieds der Liebe in der Bosmans-Kurzfassung endet: »Alles erträgt die Liebe, alles glaubt sie, alles hofft sie, alles hält sie aus. Die Liebe ist nie am Ende.«

Wenn viele Dinge – »und zwar sofort« – zu tun sind, dann heißt es heute gern: Man muss Prioritäten setzen. Das ist manchmal schon im Kleinen, im Leben des Alltags nicht einfach. Ungleich schwieriger ist es, nicht nur eine theoretische, sondern eine überzeugend gelebte Antwort auf die Frage zu geben: Worauf kommt es mir zuerst und zuletzt und im Grunde an? Was ist in meinem Leben das Erste und Wichtigste? Bei Paulus heißt die Antwort, die durch konkrete Spannungsverhältnisse in der jungen Gemeinde von Korinth ausgelöst ist und auf die sein berühmter Lobpreis hinausläuft: »Das Größte aber ist die Liebe.«

Auch Jesus wird die Frage nach dem Wichtigsten gestellt: »Welches Gebot ist das größte in der Tora, die Gott durch Mose dem Volk Israel gegeben hat?« Eine gefährliche Frage, denn wenn Jesus ein Gebot an die Spitze stellte, würde er damit alle anderen relativieren und die ganze Tora in Frage stellen. Über diese Falle setzt er sich souverän hinweg, indem er zweimal die Tora des Mose selbst zitiert: »Du sollst Gott mit aller Lebenskraft lieben, und du sollst deinen Nächsten lieben wie dich selbst. Kein anderes Gebot ist größer als dieses.« Im Doppelgebot der Liebe ist ausgesprochen, worauf es in meinem Leben ankommt, was lebensnotwendig ist. Oder mit anderen Worten: Es geht darum, dass die unverwechselbar eigene Geschichte meines Lebens mit all seinen Höhen und Tiefen, dass meine Lebensgeschichte eine Liebesgeschichte wird.

UNERSCHÖPFLICH

Das Thema Liebe ist so unerschöpflich wie das Thema Wasser. Von so vielem müsste gesprochen werden: von der gegenseitig anziehenden, begehrenden und hingebenden Liebe zwischen Mann und Frau, der Liebe der Eltern zu ihren Kindern, der Liebe zwischen Freunden, von der Liebe zur Schöpfung, der Liebe zum Beruf, zur Musik, zur Kunst und von unendlich vielem, was wir gern, mit Hingabe, mit persönlichem Einsatz und nicht selten unter großen Opfern tun. Dazu würden auch die schmerzlichen Seiten der Liebe gehören, nicht nur das glückliche Zusammensein, sondern auch das leidvolle Abschiednehmen, auch Erfahrungen von Verletzungen, von belastenden, erkaltenden, zerbrechenden Beziehungen. Unbedingt dazu gehören würde auch, wie sich Liebe mit Freiheit, wie sich Liebe mit Gerechtigkeit vereinbaren lässt. Das klingt theoretisch und abstrakt, steckt aber sehr konkret in vielen unserer Lebensproblemen.

Von so vielem wäre zu sprechen, wenn man über Liebe spricht. In dieser Situation fühle ich mich verwandt mit jenem kleinen Kind, von dem in einer tiefsinnigen Legende über *Augustinus* erzählt wird. Der geistesmächtige Kirchenvater wandelt am Meeresufer und grübelt über der unlösbaren Frage nach dem unergründlichen Geheimnis Gottes. Da sieht er am Strand ein kleines Kind, wie es mit einem Löffel Wasser vom Meer in eine kleine, von ihm selbst geschaufelte Sandgrube trägt.

»Was machst du da?«, fragt er das Kind.

»Ich schöpfe das Meer in meine Höhle.«

Ein zweckloses Unterfangen – Gott sei Dank. Denn das Meer ist unerschöpflich, ebenso wie die Liebe.

Das Licht und die Liebe
machen jedes Dunkel hell

Das Licht und die Liebe machen jedes Dunkel hell

»Licht« gehört zu den Ur-Worten der Menschheit, es begegnet uns auf Schritt und Tritt, in den Niederungen des Alltags ebenso wie in den Höhen der Spekulation über das Göttliche. In vielen Zusammenhängen sprechen wir vom »Licht«: Wenn ein Radfahrer im Dunkeln von der Polizei angehalten wird: »Sie fahren ohne Licht!« Oder wenn mir nach langem Grübeln der rettende Einfall kam: »Da ging mir ein Licht auf!« Oder wenn eine Person, die sich positiv von anderen abhebt und als vertrauenswürdig gilt, als »Lichtgestalt« tituliert wird. Oder wenn in religiöser Sprache von »Kindern des Lichts« die Rede ist und der Kern des Glaubens in verhüllender Sprache angedeutet wird: »Das Licht leuchtet in der Finsternis.«

Für Phil Bosmans stehen das »Licht« und die »Sonne« für das Geschenk des Lebens, das sich in einfachen Dingen zeigt und nicht durch den Blick und den Zugriff der Gier verstellt und verdunkelt werden darf. »Der Mensch hat sich vom Licht abgewandt. Er hat das Licht, das in jedem Menschen von Geburt an brennt, gelöscht. Er ist grau geworden mit der grauen Materie, sein Dasein ist ohne Farbe, ohne Sinn.« Als die tiefste Wunde der modernen hochindustrialisierten Welt nennt er die Verdrängung, die Unterdrückung des Geistes, sie verführt die Menschen zur Gier, zur krankhaften Überbewertung von Geld und Besitz, von Macht und Reichtum: »Wo der Geist ausgetrieben wird, hält bei so vielen Menschen die Hoffnungslosigkeit Einzug und der dunkle Trieb, das Leben wegzuwerfen.« Wie lässt sich das Dunkel, in das Menschen geraten, wieder hell machen?

LICHT NICHT VERGESSEN, SONNE AUSPACKEN!

Das Dunkel hell machen, das versuchten die Bürger von Schilda auf ihre närrische Weise. In Schilda wurde ein neues, großartiges Rathaus gebaut. Als es fertig war, stellte man fest, dass man Fenster vergessen hatte. Drinnen war alles finster. Da kamen die Schildbürger auf die Idee, Licht in Eimer zu füllen und so Licht ins Rathaus zu bringen. Das klingt absurd, aber so absurd ist manchmal die Wirklichkeit – ein »Schildbürgerstreich«.

Die Geschichte mit dem Licht in den Eimern hat auf seine Weise der weltberühmte russische Clown *Oleg Popow* (1930–2016) vorgeführt. Jede Vorstellung des Moskauer Staatszirkus begann mit seinem Auftritt in viel zu großen Schuhen, einem viel zu weiten Mantel und mit einem Köfferchen in der Hand. Im großen Zirkuszelt wurde es ganz dunkel, dann leuchtete nach einigen Augenblicken ein Scheinwerfer auf und warf einen Lichtkreis in das Rund der Manege. Aus dem Dunkel kommt der Clown und läuft auf den Lichtfleck zu. Als er ihn erreicht, lässt er sich nieder, als wärme er sich in der Sonne. Doch das Licht wandert plötzlich woandershin, und der Clown verfolgt es. Mit seinem ganzen Körper legt er sich auf das Licht, um es festzuhalten – natürlich vergebens! Schließlich versucht der Clown, das Licht in seinem Köfferchen einzufangen: Als er den Koffer schließt, wird es im ganzen Zirkus dunkel. Am Ende öffnet er den Koffer und schüttet das Licht mit weiten Bewegungen in das dunkle Zelt. Es wird wieder hell, und die Zuschauer können aufatmen.

Was den Schildbürgern mit ihren Eimern nicht gelang, das glückte dem Clown mit seinem Köfferchen: Er verbreitet Sonnenstrahlen bei den Menschen im dunklen Zirkuszelt. Er wird gewissermaßen zu einem Licht-Lieferanten. Bekanntlich ist der Clown die Lieblingsgestalt von Phil Bosmans, in der er sich selbst wiederfindet: »Ich liebe den Clown. Er schlüpft in die Haut derer, die stets die Dummen sind, die Zukurzgekommenen und die Hereingelegten. Er geht in die Torheit der Menschen hinein und bringt sie zum Lachen über sich selbst. Sie sind wahre Lebenskünstler, weil sie alles relativieren und weil sie lachen können über ihr eigenes Elend.«

ES WERDE LICHT

Im August 1795 kehrte *Joseph Haydn* (1732–1809), inzwischen ein berühmter und gefeierter Komponist, von seiner zweiten Londoner Reise zurück. Im Gepäck hatte er ein englisches

Textbuch, das ihm dort jemand anonym zur Vertonung übergeben hatte, es handelte sich um die Vorlage zu Haydns späterem Meisterwerk »Die Schöpfung«. In Wien vertraute er den Libretto-Text seinem Freund *Gottfried van Swieten* an, der ihn übersetzte und in der handschriftlichen Vorlage auch Hinweise zur Vertonung gab. So schrieb er in einer Randnotiz zum ersten Chorstück: »In dem Chor könnte die Finsternis nach und nach schwinden; doch so dass von dem Dunklen genug übrig bleibe, um den augenblicklichen Übergang zum Lichte recht stark empfinden zu machen.« Diesen Kontrast zwischen der Finsternis, dem »Tohuwabowu«, und dem Licht brachte Haydn in seinem Oratorium musikalisch in genialer Weise zum Ausdruck: Es beginnt in dunklem c-Moll im Pianissimo und dann, wenn der Chor singt »Und es ward Licht«, geschieht beim Wort »Licht« schlagartig eine Klangexplosion im Fortissimo und in strahlendem C-Dur.

Nach der biblischen Schöpfungserzählung ist Licht das erste der Geschöpfe Gottes; mit der Scheidung des Lichtes von der Finsternis beginnt die Zeit. Das Chaos wird durch den Rhythmus von Tag und Nacht in geordnete, geregelte Bahnen gelenkt. Über den Ursprung von Licht und Dunkel, von Chaos und Kosmos kommt die neuzeitliche naturwissenschaftliche Forschung zu anderen Vorstellungen als die Menschen vor Jahrhunderten oder gar Jahrtausenden. Doch die Erfahrung chaotischer Verhältnisse und katastrophaler Ereignisse, die Erfahrung von abgrundtiefer existenzieller Finsternis ist den

Menschen aller Zeiten im Kleinen wie im Großen, im persönlichen Leben wie im Schicksal ganzer Länder, Nationen und Gruppen nur allzu leidvoll vertraut. Diese Erfahrung hat auch Phil Bosmans im eigenen Leben und in der Begegnung mit zahllosen hilflosen, leidenden, verzweifelten Menschen gemacht, die alle von den Dunkelheiten ihres Lebens ein Lied singen könnten.

FENSTER DES HERZENS

In seinem Buch »Liebe wirkt täglich Wunder« greift Phil Bosmans eine Beobachtung auf, die wir alle jeden Tag machen können, wenn wir darauf achten: **»Ist es dir schon aufgefallen, dass sich alles in der Natur zum Licht drängt? Das kleinste Samenkorn wächst aus dem Dunkel der Erde ins Licht. Jeder Baum, wie dicht der Wald auch sei, streckt seine Zweige zum Licht. Jede Blume hält ihren Kelch der Sonne hin.«** Nun möchte man annehmen, dass es sich mit der Natur des Menschen ähnlich verhält. Doch was geschieht in der Welt des Menschen? Statt harmonischer Entfaltung hin zum Licht, zu dem, was gut ist und schön, was Freude macht und Erfüllung schenkt – das Ausbrechen von Krisen. Wie kommt es dazu? Bosmans sagt: Der fantastische technische Fortschritt hätte die Menschen frei machen sollen für die geistige Entwicklung: frei, um sinnvoll zu leben; frei, um so viele schöne Dinge zu genießen; frei, um glücklich zu sein mit einem Glück, das gratis ist.

Aber stattdessen: »Die Augen des Herzens sind blind geworden für das Wunder des Lebens, für das Geheimnis unseres Menschseins. Und das Schlimmste: Wer nicht merkt, dass es dunkel ist, sucht kein Licht.«

Wie ist das mit dem Sehen? Dazu brauchen wir Licht von außen, das uns entgegenkommt und für das wir empfänglich sein müssen, aber auch Licht von innen, es bedarf der Augen, des »Augenlichts«. Seit je hat man dabei nicht nur an die Augen des Leibes gedacht, sondern in einem weiteren, übertragenen, umfassenderen, ganzheitlichen Sinn an die Augen des Geistes und die Augen des Herzens. Zwischen außen und innen besteht ein enger Zusammenhang, eine Wechselwirkung. Phil Bosmans sagt: »Unsere Augen sind die Fenster unseres Herzens. Machen wir sie auf für das Licht, für die Sonne am Tag und für die Sterne in der Nacht! Kommt Licht in unsere Augen, dann kommt auch Licht in unser Herz.«

GLÜCKLICH SEIN, UM GLÜCKLICH ZU MACHEN

Dass Dunkelheit durch Licht hell wird, ist unmittelbar einleuchtend – eine Selbstverständlichkeit. Aber es drängt sich doch die Frage auf, ob jedes Dunkel hell werden kann, ob genügend Sonne da ist, um die viele Finsternis in unserem Leben und in unserer Welt zu überwinden. Es stellt sich die quälende Frage nach dem Dunkel des Leidens, des Bösen, des Todes, wie wir bei all dieser doch auch vorhandenen Finster-

nis leben können, was wir dagegen tun können, ob wir sie annehmen können oder ob wir uns ohnmächtig damit abfinden müssen.

Einer der bedeutendsten französischen Schriftsteller und Philosophen des zwanzigsten Jahrhunderts, der 1957 für sein Gesamtwerk den Nobelpreis für Literatur erhielt und drei Jahre später bei einem Autounfall, erst 46 Jahre alt, tödlich verunglückte, ist *Albert Camus* (1913–1960). Sein bekanntester Roman trägt den Titel »Die Pest«. Diese gefürchtete, unerbittlich tödliche Seuche steht beispielhaft für die vielen Finsternisse unserer Zeit: Weltkriege, Terrorregime, Vernichtungslager, Völkermord, Erdbeben- und Überschwemmungskatastrophen, von den Katastrophen im persönlichen Leben ganz zu schweigen. Hauptfigur des Romans ist der Arzt Rieux, der sich bis zur Selbstaufgabe um die Pestkranken kümmert, meist ohne Aussicht auf Heilung. Am Ende des Romans, gleichsam als Quintessenz, heißt es: »Rieux wollte nicht zu denen gehören, die schweigen, er wollte vielmehr für diese Pestkranken Zeugnis ablegen und wenigstens ein Zeichen zur Erinnerung an die ihnen zugefügte Ungerechtigkeit und Gewalt hinterlassen; er wollte schlicht schildern, was man in den Heimsuchungen lernen kann, nämlich dass es an den Menschen mehr zu bewundern als zu verachten gibt.«

Trotz aller Erfahrung des Absurden, dessen, was uns die Sprache verschlägt und verstummen lässt (das lateinische Wort »surdus« heißt ursprünglich »taub« und auch »stumm«), hält Albert Camus daran fest, dass der Mensch ein Recht auf Sinn und Glück hat. Alle Menschen suchen Glück, auch wenn sie vom Glück, das sie sich wünschen, ganz verschiedene Vorstellungen haben und Glück auf sehr unterschiedlichen Wegen zu erlangen versuchen.

Wenn man nach dem zentralen Motiv im Leben und Wirken von Phil Bosmans fragt, nach dem, was ihm zutiefst am Herzen liegt, so lautet seine ganz einfache Antwort: »Menschen glücklich machen.« Glück für sich allein kann er sich nicht vorstellen: »Ich will glücklich sein, um andere glücklich zu machen.« Selbst glücklich sein, während so viele andere leiden – die Frage lässt auch Phil Bosmans nicht los, und über die Situation, wie er sie empfindet, bekennt er – und das erinnert an die Lage des Arztes Rieux im Roman von Camus: »Ich fühle mich jedes Mal elend, wenn Menschen ihr Elend über mich ausschütten. Wie kann ich helfen, wenn ich selbst in Elend und Machtlosigkeit versinke? Sind wir alle dazu verurteilt, unglücklich zu sein?«

PARTEI ERGREIFEN FÜR DIE GERINGSTEN

Phil Bosmans hat die Antwort auf diese Frage in seinem Glauben gefunden. Er hatte ein ausgesprochen vertrauensvolles, liebevolles Verhältnis zu Gott: »Gott ist ein wahres Zuhause, wo ich Geborgenheit finde. In Gott kannst du leben und dich bewegen. In Gott kannst du wohnen. Du fühlst dich sicher. Du lebst nicht länger in der Leere. Du hängst nicht verzweifelt über dem Abgrund des Nichts. Wenn du in der Wüste des Lebens irgendwo Liebe findest, wahre Liebe, dann geh mit der Liebe mit, und du kommst zum Quell aller Liebe, zu Gott, der großen Oase für Zeit und Ewigkeit. Gott ist meine Oase.« Freilich ist ihm bewusst, dass eine solche Erfahrung vielen heute fremd geworden ist, ja verdächtig vorkommt: »Gott ist ein fremdes Licht.« Aber er weiß auch, wie sehr wir Menschen am Leben hängen und wie groß die Hoffnung auf ein besseres Leben ist. Diese Hoffnung ist für Bosmans wie eine Flamme, von der er sagt: »Jemand hat sie angezündet und hält sie brennend. Es ist die Liebe, die die Flamme nährt, und hierin offenbart sich eine geheimnisvolle Kraft, eine übermenschliche Kraft, die über die Grenzen des Todes geht. Liebe ist stärker als der Tod. Gott ist die Liebe.«

Albert Camus, der Schriftsteller und Philosoph, hatte ein ausgesprochen kritisches Verhältnis zur Religion, sei es der jüdisch-christlichen, wie er sie bei führenden Kirchenvertretern erlebte, sei es der muslimischen, die er beim einfachen Volk seiner algerischen Heimat kennengelernt hatte, und dennoch schreibt er in seinen späten Tagebuchnotizen: »Ich weigere mich nicht, dem Höchsten Wesen entgegenzugehen, aber ich lehne einen Weg ab, der von den Menschen wegführt.« Dem dürfte Phil Bosmans gewiss zustimmen, denn für ihn bedeutet der Glaube Jesu: sich für den Menschen entscheiden, Partei ergreifen für Arme und Ausgestoßene, für die Geringsten. Für Bosmans sollen glaubende Menschen die Liebe Gottes auf Erden sichtbar, spürbar und greifbar machen: »Gott wirkt nicht aufgrund des perfekten Managements von religiösen Organisationen und kirchlichen Apparaten. Gott ist und kann nur dort gegenwärtig sein, wo Menschen seiner Liebe Hände und Füße geben und die Wärme ihres eigenen Menschenherzens.«

DAS LICHT DER LIEBE

Woran kann man verliebte Leute erkennen, ganz gleich, ob sie noch jung sind oder schon in die Jahre gekommen? Was ist ein Indiz dafür, nicht das einzige, aber doch ein sicheres Zeichen? Es sind die leuchtenden Augen. Das gilt nicht nur für Verliebte im Frühling des Lebens, sondern in allen Phasen des menschlichen Lebens. Liebe im Herzen bringt Licht in die Augen. Sie sehen mehr, sie achten auf anderes, auch auf Verborgenes, auch auf Erhofftes und Ersehntes. Leuchtende Augen wecken Vertrauen. Von Augen, die mich anstrahlen, geht wortlos die Botschaft aus: Mensch, ich hab dich gern. Liebe macht sehend. Kann aber Liebe auch blind machen, wie der Volksmund sagt? Im Rausch der Verliebtheit erscheint alles in rosigem Licht. Man achtet nicht auf die Schwächen und Fehler des anderen. So gesehen, ist Liebe immer ein bisschen blind. Wenn allerdings die Liebe verloren geht, geht auch diese sympathische Blindheit verloren, wie Phil Bosmans sagt. Die Fehler fallen immer mehr ins Auge, sie scheinen jeden

Tag größer zu werden, und am Ende sieht man alles schwarz. Die Liebe ist wie die Sonne, pflegt Bosmans zu sagen. Ohne Sonne wird alles finster und kalt. Mit Sonne bekommt alles Wärme und Farbe. So ist es mit der Liebe. Wenn die Liebe aufgeht im Leben, dann wird es hell und warm. Wenn die Liebe untergeht im Leben, dann wachsen die schwarzen Schatten, Finsternis macht sich breit und Kälte. Aus der Verstrickung in Lug und Trug kann nur das Licht der Wahrheit freimachen. Aus Verbitterung, Mutlosigkeit und Verzweiflung kann nur das Licht der Liebe retten, sie kann alles durchdringen, sie macht jedes Dunkel hell.

Die wohl bekannteste, den christlichen Konfessionen gemeinsame Bitte um Licht und Liebe »von oben« ist der Pfingsthymnus *Veni creator spiritus* – »Komm, Schöpfer Geist«. Seit über tausendzweihundert Jahren ist dieser Text in der Kirche des Westens immer wieder gesprochen und gesungen worden, immer wieder neu übersetzt und auch vertont worden. Sehr bekannt ist die Übersetzung von *Martin Luther*, weniger bekannt ist, dass auch *Johann Wolfgang von Goethe* den ursprünglich lateinischen Text, dessen Prägnanz und Glanz unnachahmlich ist, in sein geliebtes Deutsch übertragen hat: »Komm heiliger Geist, du Schaffender, / komm, deine Seelen suche heim; / mit Gnaden-Fülle segne sie, / die Brust, die du geschaffen hast.«

In der vierten Strophe des Pfingsthymnus ist vom Licht die Rede. Goethe übersetzt: »Den Sinnen zünde Lichter an,

/ dem Herzen frohe Muthigkeit, / dass wir, im Körper Wandelnden, / bereit zum Handeln sei'n, zum Kampf.« Entgegen dieser und den meisten deutschen Fassungen hat Luther das Gemeinte wohl richtiger getroffen, wenn er übersetzt: »Zünd uns ein Licht an im Verstand«, denn in dieser vierten Strophe geht es um die drei Grundkräfte des Menschen: die Kraft des Geistes, die Kraft des Herzens und Gemüts und die Kraft oder, wie uns nur allzu oft bewusst wird, die Schwachheit und Gebrechlichkeit unseres Leibes.

Immer wieder hat der Hymnus mit seiner unsterblichen gregorianischen Melodie Komponisten inspiriert. 1910 fand in München vor dreitausend begeisterten Zuhörern die triumphale Uraufführung der achten Symphonie von *Gustav Mahler* (1860–1911) statt, er starb ein halbes Jahr später. Das Werk erfordert einen gewaltigen Orchesterapparat, zwei Chöre, acht Gesangssolisten. Bei der noch von Mahler selbst dirigierten Uraufführung wirkten an die tausend Musiker mit. Nach langem Suchen in der Weltliteratur, auch in der Bibel, legte Mahler dem ersten Teil seiner Symphonie den Text des Pfingsthymnus zugrunde, dem zweiten Teil die letzte Szene von Goethes »Faust«. Wie hängen die beiden Teile zusammen? Der Hymnus enthält die Bitte um Licht für den menschlichen Geist und um Liebe für das menschliche Herz, im Faust-Drama geht es um das Urverlangen des Menschen nach dem Licht der Erkenntnis und nach der erlösenden Liebe.

»Denken ist vielleicht wie Musik« hat einmal ein überragender christlicher Denker des neunzehnten Jahrhunderts gesagt, dessen Einfluss auf die kirchliche, auch auf die ökumenische Bewegung im zwanzigsten Jahrhundert kaum überschätzt werden kann. Man hat ihn zu den »prophetischen Denkern« gezählt, ihn als »Kirchenvater der Neuzeit« bezeichnet. Gemeint ist *John Henry Newman* (1801–1890). In London geboren, erlebte er als Fünfzehnjähriger so etwas wie eine erste Bekehrung, wurde dann in Oxford anglikanischer Theologieprofessor, Universitätsprediger und Seelsorger, ein genialer, äußerst produktiver Schriftsteller, ein gesuchter spiritueller Berater und Begleiter, ein durch und durch lauterer Mensch. Später trat er über zur katholischen Kirche: Von Seiten der anglikanischen Staatskirche trug ihm das Anfeindungen und Verleumdungen ein, von Seiten der katholischen Kirche Verdächtigungen. Etlichen war nicht geheuer, wie sehr Newman die persönliche Gewissensentscheidung betonte und die Gewissens- und Religionsfreiheit herausstrich (die in der katholischen Kirche seiner Zeit noch beargwöhnt und erst auf dem Zweiten Vatikanischen Konzil in den 1960er-Jahren anerkannt und bekräftigt wurde). Gegen Ende seines Lebens fand er die gebührende Anerkennung sowohl durch die Universität Oxford als auch durch den Papst mit der Verleihung der Kardinalswürde.

Noch in seiner anglikanischen Zeit erkrankte Newman, erst 32 Jahre alt, auf einer Italienreise. Todkrank lag er in Palermo, kam aber mit dem Leben davon. Während der Rückreise, auf dem Schiff nach Marseille, fasste er seine inneren Erfahrungen und Erwartungen in ein Gedicht. Es wurde zu einem der schönsten und beliebtesten englischen Kirchenlieder. Der Anfang lautet: *Lead, kindly light* – »Führe mich, freundliches Licht«. Das englische Original ist in seiner poetischen und spirituellen Qualität schwer zu übersetzen. Hier die erste Strophe in der einfühlsamen Übertragung von *Peter Gerloff*:

Freundliches Licht, um mich ist Finsternis:
Zeig du den Weg!
Zweifel in mir, die Zukunft ungewiss:
Zeig du den Weg,
nur einen Schritt! Ich frage nicht nach mehr.
So führ mich heim, und leuchte vor mir her.

Liebe findet immer
einen Weg

Liebe findet immer einen Weg

Menschen finden immer neue Wege. Das ist eine Erfahrung, die sich tagtäglich bestätigt, die Erfahrung, unterwegs zu sein, die Erfahrung des Gehens, auch wenn es uns selbst nur eingeschränkt möglich ist. Der Mensch ist in Bewegung, Leben ist Bewegung. Bereits im Wort Bewegung steckt schon »Weg«.

WEGE DER EROBERUNG

Wer sich von einem Ort zum anderen bewegen will, braucht dazu Wege. Seit Menschengedenken werden Wege und Straßen aus den verschiedensten Gründen angelegt: um auf den Acker oder zum Arbeitsplatz zu kommen, auf den Markt zum Einkaufen, um Handel zu treiben und Geschäfte zu machen, um sich vor Feinden zu schützen oder vor ihnen zu fliehen, aber auch umgekehrt, um fremde Länder zu erobern und der Macht der eigenen Interessen zu unterwerfen.

Für die wirtschaftliche und gesellschaftliche Entwicklung eines Landes ist das Straßennetz von größter Bedeutung. Das war schon im alten Rom so, dessen Aufstieg zur Weltmacht ohne feste Fernstraßen nicht denkbar gewesen wäre. Das ist heute nicht viel anders und lässt sich zum Beispiel an einer aufstrebenden Weltmacht wie China ablesen. 1991 gab es dort rund 500 Kilometer Autobahnen, 2011 rund 70.000 Kilometer, 2016 bereits 131.000 Kilometer.

In unserem High-Tech-Zeitalter ist die Vorstellung verbreitet: Wir wissen über alles Bescheid, wir bekommen alles in Griff – in der technischen Entwicklung, in der industriellen Ausnützung, in der globalisierten Wirtschafts- und Finanzpolitik und überhaupt im Leben des Menschen, vom geplanten Anfang bis zum herbeigeführten Ende. Und wenn das heute auch nicht immer klappt, wenn es leider noch durch unberechenbare Gewalten der Natur, durch Fehlverhalten der Menschen, durch Fehleinschätzungen der Experten zu bedauerlichen Zwischenfällen kommt, so wird das doch morgen der Fall sein: alles im Griff – so denken viele.

1957 erschien ein Roman des Schweizer Schriftstellers *Max Frisch* (1911–1991), in dem es vor allem um diese moderne technikgläubige Einstellung zur Welt geht: »Homo faber«. Das Buch wurde ein Weltbestseller und 1991 auch verfilmt. Hauptfigur ist der Ingenieur Walter Faber, der Name klingt deutsch, kommt aber aus dem Lateinischen: *faber* heißt »Handwerker«, »Arbeiter« (das Wort steckt auch in »fabrizieren«, »Fabrik«). Der *homo faber* ist der Mensch, für den die Welt eine wissenschaftlich zu verstehende und technisch zu bewältigende Herausforderung ist. *Homo faber* ist der Mensch als Macher, der die Welt durch sein Wissen und Können erobert.

Unter den Aufzeichnungen und Schriften von Phil Bosmans fand ich einen Vortrag, den er 1985 auf Einladung der belgischen Regierung bei der Eröffnung der »Internationalen flämischen Technologiemesse« in Gent hielt. Er war damals in Belgien durch den Bund ohne Namen, seine Bewegung für ein Leben mit mehr Herz, durch seine zahlreichen sozialen Aktionen und seine Bestseller-Bücher eine weithin geschätzte Person des öffentlichen Lebens. Das Logo dieser Industriemesse waren zwei Hände, die ineinander greifen, eine menschliche Hand und eine Roboterhand, sozusagen ein symbolischer Händedruck zwischen Mensch und Technik. Das Logo führte Phil Bosmans zur Überschrift seines Vortrags: »Wer hält wen fest? That's the question« (eine Abwandlung des berühmten Shakespeare-Zitats: Sein oder Nichtsein – das ist die Frage).

»Die Erfindungen unseres Zeitalters sind Erfindungen, alles schneller, produktiver, effizienter, bequemer zu machen, Erfindungen, die vielleicht mehr Geld und mehr Macht verschaffen, die aber nicht zu mehr Weisheit verhelfen.« Worin liegt für Phil Bosmans der Fehler des *homo faber*, des technischen Eroberer-Menschen? »Es ist der Fehler des ökonomischen Denkens, den Wert des Menschen auf seinen ökonomischen Wert zu reduzieren, was er bringt zur Steigerung der Produktion und des Gewinns.« Denn worum geht es bei den neuen Wegen, die Menschen ersinnen, um mit Hilfe von Wissenschaft und Technik neue Ziele zu erreichen? »Es ist eine Täuschung der Geschäfts- und Medienwelt, wenn sie den Menschen vorgaukelt, dass es äußere Mittel gäbe, um glücklich zu werden und glücklich zu machen, und dass mit Geld alles zu haben sei.«

Phil Bosmans plädiert dafür, »Raum für den Menschen« zu schaffen. Der Mensch hat Verstand bekommen, um das Leben zu fördern und nicht den Tod. Mit den immensen Kosten der Rüstungsindustrie könnte der Hunger in allen Ländern der Welt beseitigt werden. Essen und Trinken sind elementarste Menschenrechte.

Er fragt: »Warum ist Geld da, um Tausende Meter tief in der Erde oder am Meeresgrund nach Öl zu bohren, aber kein Geld für Brunnen, siebzig Meter tief, in den Dürregebieten, damit Menschen nicht verdursten, sondern lebensnotwendiges sauberes Wasser zum Trinken haben? Wenn die Technologie vorhanden ist, um Wüsten fruchtbar zu machen, warum geschieht das dann nicht? Technologie kann Wunder wirken, aber die ärmsten Länder haben ein schreckliches Handikap: sie haben kein Geld, sie haben nur Schulden.«

Phil Bosmans weiß, wie viel Gutes Wissenschaft und Technik der Menschheit gebracht haben, gute Dienste, die kein vernünftiger Mensch ignorieren kann und auf die keiner verzichten möchte. Aber er weiß auch: »Die Tragödie liegt in der Tatsache, dass die fantastischen Fähigkeiten menschlichen Machens realisiert werden in einer beispiellosen geistigen Leere, einem spirituellen Vakuum. Täglich erweitert der Mensch seine technisch-wissenschaftlichen Möglichkeiten, und täglich schrumpft sein Verständnis für die geheimnisvollen Zusammenhänge des Lebens und für die tiefere Schicksalsgemeinschaft der Länder und Völker.«

Inzwischen ist der lange Zeit weitverbreitete Fortschrittsglaube ins Wanken geraten. Täglich werden wir mit Katastrophen in der Welt konfrontiert. Wenn dann noch Krisen im persönlichen Leben dazukommen, legt sich das alles wie eine graue Ascheschicht auf die Seele. Vielen Menschen ist die Lust am Leben vergangen. Sie haben keine Augen mehr für das Schöne, das es trotz allem in der Schöpfung gibt. Sie können nicht mehr glauben, dass ihr Leben trotz allem einen Sinn hat. Sie haben keine Hoffnung mehr, dass ihr Lebensweg trotz allem gelingen kann.

WEGGESCHICHTEN

Menschen stoßen an Grenzen und sehen keinen Weg mehr – eine nur zu gut bekannte Geschichte. Aber es gibt auch die Erfahrung, dass in dieser Ausweglosigkeit – vielleicht ganz leise, vielleicht ganz überraschend wie von Wunderhand – eine Tür sich öffnet und doch noch ein Weg sich zeigt, wenn auch vielleicht nur ein paar Schritte weit. Das kann man nicht erklären und schon gar nicht erzwingen, aber es gehört zu Erfahrungen, die Menschen aller Zeiten gemacht haben und die in mythischen Erzählungen, in Märchen und Legenden, in Bildern und Symbolen bewahrt wurden – kostbare Schätze der Lebensweisheit.

In alten Überlieferungen, Mythen, Sagen, Märchen spielen Wege eine große Rolle. Man denke nur an die Irrfahrten des griechischen Helden Odysseus, dessen »Odyssee« sprichwörtlich geworden ist. Was in Homers Epos mythisch überhöht erscheint, wurde in unserem Zeitalter so vieler Kriege, Vertreibungen, Fluchtdramen und Flüchtlingstragödien grausame Realität. Oder man denke an zahllose Wege, von denen die Märchen der *Brüder Grimm* zu erzählen wissen (inzwischen gehört die Erstausgabe von Grimms »Kinder- und Hausmärchen«, vor rund zweihundert Jahren erschienen, zum »Weltdokumentenerbe«, eine Parallele der Unesco zum »Weltkulturerbe«). Grimms Sammlung erzählt zum Beispiel das Märchen von einem, der auszog, das Fürchten zu lernen; von der Goldmarie und Pechmarie, die sich in der Welt der Frau Holle ganz verschieden verhielten; von den selbsternannten Bremer Stadtmusikanten, wo Esel, Hund, Katze in ihrer schier aussichtslosen Situation dem ebenso wie sie todgeweihten Hahn Mut machen: »Etwas Besseres als den Tod findest du überall.«

Besonders typisch und tiefsinnig zugleich ist das Märchen von Hänsel und Gretel, den Kindern, denen übel mitgespielt wurde. Als diese merken, wie die böse Stiefmutter sie im finsteren Wald aussetzen und verhungern lassen will, hat der gewitzte Hänsel die Idee, den Heimweg einmal mit den blanken

Kieseln und beim zweiten Mal mit den Brotkrümeln zu markieren (ein Motiv, das sich schon in der antiken Erzählung vom Labyrinth und dem rettenden Faden der Ariadne findet). Doch dann kommt es anders, als Hänsel dachte. Als die Kinder todmüde und halbverhungert, weit weg von Zuhause, sich im finsteren Wald hoffnungslos verirrt haben, beginnt Gretel zu weinen, während Hänsel sie zu trösten versucht:

»›Wart nur, Gretel, bis der Mond aufgeht, dann werden wir die Brotbröcklein sehen, die ich ausgestreut habe, die zeigen uns den Weg nach Haus.‹ Als der Mond kam, machten sie sich auf, aber sie fanden keine Bröcklein mehr, denn die viel tausend Vögel, die im Walde und im Felde umherfliegen, die hatten sie weggepickt. Hänsel sagte zu Gretel: ›Wir werden den Weg schon finden.‹ Aber sie fanden ihn nicht. Sie gingen die ganze Nacht und noch einen Tag von Morgen bis Abend, aber sie kamen aus dem Wald nicht heraus.«

Ihre Situation erinnert an den Anfang eines der größten Werke der Weltliteratur: »Dem Höhepunkt des Lebens war ich nahe, / da mich ein dunkler Wald umfing und ich, / verirrt, den rechten Weg nicht wieder fand. / Wie war der Wald so dicht und dornig, / o weh, dass ich es nicht erzählen mag / und die Erinnerung daran mich schreckt. / Viel bitterer kann selbst der Tod nicht sein.« So beginnt die »Göttliche Komödie« (*Divina Comedia*) von *Dante Alighieri* (1265–1321). Das Werk entstand vor vielen hundert Jahren, aber die angesprochene Erfahrung: sich verirren, vor lauter Finsternis keinen Ausweg

mehr sehen, Todesängste ausstehen, gehört zu Urerfahrungen der Menschheit, und so etwas haben wir alle wohl schon in dieser oder jener Weise erlebt.

DAS SCHLÜSSELBILD DER MÄRCHEN

Zahllose Märchen sind Wandlungs- und Reifungsgeschichten, in ihnen ist das Bild vom Weg das eigentliche Schlüsselbild, wie *Otto Betz* (1917–2005), ein bedeutender Märchen- und Mythenforscher, sagt: »Der Held oder die Heldin müssen eine Reise machen, Abenteuer erleben, sich bewähren, damit sie dadurch zu Mündigkeit und Reife gelangen und ihren Platz in der Welt finden und die ihnen zugewiesene Aufgabe erfüllen können. Die Fremde muss ausgehalten, Entbehrung durchgestanden und die große Tat vollbracht werden. ›Sinn‹ lässt sich nicht finden, wenn man sich nicht wandernd und reisend in die Welt begibt, auch unser Wort ›Sinn‹ hängt – von seiner sprachgeschichtlichen (indogermanischen) Wurzel her – mit Richtung, Reise, Weg zusammen.«

Was ist die entscheidende Botschaft der Märchen? Derselbe Autor gibt zur Antwort: »Wer hilfsbereit ist, dem kann auch geholfen werden; wer vertraut, dem wird auch Kraft zum Durchstehen geschenkt. Sei zuversichtlich und hab Vertrauen. Auch wenn es dir jetzt schlecht geht und du ausgelacht wirst, lass dich nicht ins Bockshorn jagen, deine Stunde kommt bestimmt. Wenn du dich bewährst, wirst du das Ziel sicher erreichen, die schwierigen Aufgaben lösen, die verzauberte Königstochter befreien und selbst König werden.« Die Gefahren werden keineswegs verharmlost, es gibt die dunklen Mächte in Gestalt von menschenfressenden Riesen, Drachen, Monstern oder auch Qualen, Schmerzen, Todesgefahren. Aber nichts muss bleiben, wie es ist, überall kündigt sich das Kommende an. Märchen sind Hoffnungsgeschichten: »Die Finsternis hat nicht das letzte Wort, irgendwann setzt sich das Licht durch. Der Hass herrscht nicht bis zum Schluss, irgendwann erweist sich die Liebe als mächtiger« (Otto Betz).

ZUM LEBENSWEG GEHÖRT ENTSCHEIDUNG

1865 erschien in England eine neue Art von Märchen, »Alice im Wunderland« von *Lewis Carrol* (1832–1898), der einerseits Mathematiker war, andererseits Bücher voller fantastischer, skurriler Einfälle schrieb. In der Geschichte von Alice bekommt das sonst so couragierte Mädchen einen gehörigen Schreck, als sie plötzlich ganz in ihrer Nähe auf einem Baumzweig eine Katze entdeckt, die, wie es heißt: »grinste, als sie Alice sah. ›Sie sieht gutmütig aus‹, dachte diese; aber sie hat doch sehr lange Krallen und eine Menge Zähne. Alice fühlte wohl, dass sie mit ihr rücksichtsvoll umgehen müsse. ›Grinse-Miez‹, fing sie etwas ängstlich an, da sie nicht wusste, ob der Katze der Name gefallen würde, die jedoch grinste noch etwas breiter. ›Schön, so weit gefällt es ihr‹, dachte Alice und sprach weiter: ›Grinse-Miez, willst du mir wohl sagen, wenn ich bitten darf, welchen Weg ich hier nehmen soll?‹ – ›Das hängt zu einem guten Teil davon ab, wohin du gehen willst‹, sagte die Katze. ›Es kommt mir nicht darauf an, wohin‹, sagte Alice. ›Dann kommt es auch nicht darauf an, welchen Weg du nimmst‹, sagte die Katze. ›Wenn ich nur irgendwo hinkomme‹, fügte Alice als Erklärung hinzu. ›Oh, das wirst du ganz gewiss‹, sagte die Katze, ›wenn du nur lange genug gehst.‹«

Ein paradoxer Dialog: Da wird nach einem Weg gefragt, aber wohin der Weg gehen soll, scheint keine Rolle zu spielen. Ist der Weg selbst das Ziel, oder sollen wir auf eine verborgene Wahrheit aufmerksam werden? Dass wir uns, auch wenn wir das letzte Ziel nicht kennen, uns trotzdem entscheiden müssen zu gehen?

Wir alle haben schon erlebt, dass wir bei einer Wanderung oder in einer fremden Stadt oder bei einer Autofahrt nicht wussten, ob wir den Weg rechts oder links oder geradeaus nehmen sollten, um ans gesuchte Ziel zu kommen. Wir mussten uns entscheiden.

Unser Alltag besteht aus tausend kleinen Entscheidungen, die uns kaum bewusst werden, weil wir vieles aus Gewohnheit machen. Aber es gibt auch große Entscheidungen, die unseren ganzen Lebensweg beeinflussen, die uns niemand abnehmen kann und die wir selbst treffen müssen oder mit denen wir, wenn sie uns von außen auferlegt werden, doch irgendwie fertig werden müssen, die wir hinnehmen müssen, in die wir am Ende vielleicht sogar einwilligen können.

AM SCHEIDEWEG

Welchen Weg sollen wir gehen? Auch diese Frage spiegelt sich schon in uralten mythischen Erzählungen. Da gibt es den Superhelden der Antike, Herkules, ein Halbgott, der unglaubliche Aufgaben bewältigen muss (die Redewendung von einer »Herkulesarbeit« ist auch heute noch geläufig). Aber zuerst kommt Herkules an eine Weggabelung, da steht er am Scheideweg: Welche Richtung soll er einschlagen? Zwei Frauen sprechen ihn an, Symbolfiguren (die dann später in der Kunst sehr realistisch und attraktiv dargestellt wurden). Jede ruft: »Folge mir!« Die eine verspricht Luxus und Lust, die andere unsterblichen Ruhm für harte Strapazen. Auch in der Bibel ist seit der Paradiesgeschichte mit dem Sündenfall immer wieder von Entscheidungen die Rede, von verfehlten und geglückten Entscheidungen. Programmatisch werden im ersten Psalm zwei Wege gegenübergestellt. Hier geht es aber nicht um die Wahl zwischen vergänglicher Lust und ewigem Ruhm, sondern um den Weg der Gerechten und den Weg der Frevler, also um die Wahl zwischen Gut und Böse. Die jüdische Überlieferung des Talmud hat schon vor ungefähr tausendfünfhundert Jahren eine lapidare, leicht zu behaltende Antwort auf die Lebensfrage nach dem guten und dem schlechten Weg gegeben: »Welches ist der gute Weg, an den der Mensch sich halten soll? – Ein gutes Herz. – Welches ist der schlechte Weg, von dem der Mensch sich fernhalten soll? – Ein böses Herz.«

Dass es entscheidend auf das Herz des Menschen ankommt, auf die Qualität des Herzens, gehört zur Grundüberzeugung von Phil Bosmans, zum Kern seiner Botschaft: »Mehr als mit dem Verstand denkst du mit dem Herzen. Alles siehst du mit dem Herzen. Das Herz macht den Verstand hell oder finster. Das Herz kann unser Himmel sein, aber es lässt sich in uns auch eine Hölle einrichten.« Rationalität allein macht es nicht. Unsere Sympathien und Reaktionen, unsere Meinungen und Einstellungen werden weniger von unserem Verstand dirigiert, als wir oft denken.

Das Dilemma, die inneren Stimmen und Neigungen zu sortieren und sich für das Gute zu entscheiden, bringt *Goethe* in seinem »Faust«-Drama auf den Punkt: »Zwei Seelen wohnen, ach! in meiner Brust.« Phil Bosmans formuliert diese Erfahrung auf seine Weise: »Manchmal ist es, als ob in dir zwei Menschen wohnen würden. Der eine, der alles gut macht und den du nach außen zeigst, und der andere, den du versteckst und für den du dich schämst. Es gibt in jedem Menschen so etwas wie einen tiefen Bruch. Ich begegne Menschen, die trotz bestem Willen immer wieder in ihr altes Übel zurückfallen. Menschen, die gut leben möchten und doch Dinge tun, die sie selbst nicht begreifen. Warum ist das so? Weil ein Mensch kein Gott ist, kein Superwesen, sondern ein kleiner Pilger auf einem langen Weg.«

Menschlicher wird die Welt, wenn der Mensch nicht nur Eroberer äußerer Ziele durch Technik und Wissenschaften sein will, *homo faber*, sondern einsieht, dass er auch im Inneren nie mit sich fertig ist, immer unterwegs, *in via*, ein *homo viator*, ein Mensch auf dem Weg, ein Pilger.

»Homo Viator« ist auch der Titel eines Buches eines der großen französischen Philosophen des zwanzigsten Jahrhunderts, *Gabriel Marcel* (1889–1973); 1964 erhielt er den Friedenspreis des deutschen Buchhandels. Ähnlich wie *Jean-Paul Sartre* hat auch er Dramen geschrieben, da heißt es einmal: »Hast du nicht manchmal den Eindruck, dass wir in einer zerbrochenen Welt leben – wenn man das noch Leben nennen kann? Zerbrochen, ja, wie eine Uhr, deren Feder zerbrochen ist. Äußerlich ist nichts verändert. Doch wenn du sie ans Ohr hältst, hörst du nichts. Begreifst du nun: die Welt, was wir die Welt nennen, die Menschenwelt – sie hat wohl einst ein Herz gehabt, doch ist mir, als ob dieses Herz nicht mehr schlägt.« Gabriel Marcel sucht einen Weg zu zeigen von der Angst zur Hoffnung: »Die Angst kann nach meiner Überzeugung nicht das Letzte sein. Das letzte Wort, ich fühle es zutiefst, kann nur die Liebe haben und die Freude.« »Das Herz«, sagt Phil Bosmans, »ist nur ein winziger Fleck auf unserem großen Planeten. Aber hier kommt die Liebe zur Welt. Wenn es keine

Liebe gibt, gibt es keine Freude und kein Leben. Ein Herz für die Menschen ist durch nichts zu ersetzen. Ohne Liebe ist letztlich alles nichts.«

WIR MÜSSEN NEUE WEGE GEHEN

Immer wieder spricht Phil Bosmans davon, dass wir neue Wege gehen müssen, dass wir den Weg der Gewalt verlassen müssen, dass wir den Weg des Saatkorns gehen müssen. »Wir müssen neue Wege gehen, den Weg zu mehr Menschlichkeit, den Weg der Liebe zu mehr Liebe. Wir müssen neue Wege gehen: den Weg des Saatkorns. Im Saatkorn steckt das große Geheimnis von Leben und Sterben, von Stille, Einfachheit, Verborgenheit. Es überlässt sich der Dunkelheit der Erde. Es fühlt die Wärme der Sonne. Es trinkt den Segen des Regens. Das Saatkorn sieht die Ähre nicht, aber es glaubt daran. Der Weg des Saatkorns ist der Weg jedes Menschen zur Fruchtbarkeit und Reife.«

Jeder Mensch, der unterwegs ist, muss auch mal ausruhen, zwischendurch immer wieder und dann endgültig. Darüber hat ein großer deutscher Dichter des neunzehnten Jahrhunderts, *Eduard Mörike* (1804–1875), eine »Erbauliche Betrachtung« angestellt, Verse über seine Füße in den Schuhen. Darin heißt es: »Zum ersten Mal so alt ich bin, betracht ich sie ... Gleichwohl noch nie mit einem Wörtchen dankt ich euch.« Und dann gegen Ende, nach weitschweifenden Gedanken über die Lebenswege, die seine Füße in den Schuhen gingen, spricht er die Bitte aus: »Bleibt mir getreu, und altert schneller nicht als ich! / Wir haben, hoff ich, noch ein schön Stück Wegs vor uns; / Zwar weiß ichs nicht, den Göttern sei es heimgestellt. / Doch wie es falle, lasst euch nichts mit mir gereun. / Auf meinem Grabstein soll man ein Paar Schuhe sehn, / Den Stab darüber und den Reisehut gelegt, / Das beste Sinnbild eines ruhenden Wandersmanns.«

Ein Stern genügt, um an das Licht zu glauben

Ein gütiges Geschick hatte uns – meiner Mutter, meiner Schwester und mir – im Frühjahr 1945, sozusagen in letzter Minute, die Flucht aus Danzig zu einer Tante in ein Kurstädtchen am Ostharz ermöglicht. Sie wohnte am Ortsrand, dahinter ging es schon bergauf in den Wald. An einem milden Frühlingsnachmittag beschloss ich – ich war damals etwa zwölfeinhalb Jahre alt –, die Umgebung zu erforschen. Vor dem vielen Neuen im Wald mit Höhlen und Steinbrüchen verblassten die schweren, dunklen Eindrücke der letzten Wochen, und über die weitere Zukunft machte ich mir keine sorgenvollen Gedanken. Wahllos folgte ich ein Stück weit dem einen Weg, dann einem anderen, und zwischendurch durchquerte ich aufs Geratewohl das fremde Waldgelände. Nach einer ganzen Weile veränderte sich die Landschaft. Der Wald öffnete sich in ein schmales liebliches Tal mit sattem Grün und fröhlichen Frühlingsblumen, durchzogen von einem munter plätschernden Bach – ein Hauch von Paradies.

Doch mit der Zeit wurde es dunkler, ich war noch keiner Menschenseele begegnet, mehr und mehr bedrängte mich die

Frage: Wo bin ich überhaupt und wie komme ich wieder nach Hause? Ich blieb auf dem Weg, den ich in der anbrechenden Nacht gerade noch erkennen konnte. Stärker als die wachsende Müdigkeit wurde die Angst. Denn inzwischen war es finster geworden. Da entdeckte ich in der Ferne, oben an einem Hang, ein winziges Licht. Es kam von einer Baracke. Vorsichtig stieg ich die Abraumhalde eines kleinen Bergwerks, wie sich später herausstellte, hoch, sah den Schatten einer Person – War es womöglich eine bewaffnete Wache? – und wagte zu rufen und zu fragen: »Wie komme ich von hier zurück in die Stadt?« Ich bekam eine knappe Antwort: »Da drüben verläuft die Straße, in Kurven geht es bergab, ungefähr neun Kilometer.« Zwei Stunden später war ich, spät in der Nacht, wieder bei Mutter und Tante, die Todesängste um mich ausgestanden hatten.

MENSCHEN SUCHEN ORIENTIERUNG

Ein winziges Licht, wie ein ferner Stern, war für den Jungen, der sich verirrt hatte, die Rettung. Menschen brauchen Orientierung. Sie wollen wissen, wie es um sie steht, wie es weitergehen kann, wie sie weiterkommen. Das ist ein Urbedürfnis des Menschen. So haben sich Menschen schon vor Tausenden von Jahren zum Beispiel gefragt, wann der Winter endlich vorbei ist und wann der Sommer naht, denn sie mussten wissen, wann es günstig ist für die lebensnotwendige Jagd oder wann es Zeit ist, zu säen und zu ernten. Sie entdeckten Zusammenhänge zwischen den Bewegungen von Sonne, Mond und Sternen am Himmel und ihrem Leben auf der Erde und dem regelmäßigen Wandel der Jahreszeiten. Sie entwickelten den Kalender als Orientierungshilfe in der Zeit und erfanden den Kompass als Orientierungshilfe im Raum. Sie lernten, sich selbst auf dem wegelosen Meer mit ihren Schiffen am Stand der Sterne zu orientieren. In sternenklaren Nächten verfolgten sie den geheimnisvollen Gang der Himmelskörper und verknüpften ihr Lebensschicksal mit günstigen oder ungünstigen Konstellationen der Planeten.

1999 entdeckten illegale Ausgräber in Sachsen-Anhalt unter anderen Fundgegenständen eine Scheibe aus Bronze mit Goldapplikationen, die sie heimlich an Händler mit Antiquitäten verkauften, nicht ahnend, was für einen sensationellen Fund sie gemacht hatten. Die Geschichte sprach sich herum, Weiterverkäufe trieben den Preis in die Höhe. Schließlich kam es zu einem langwierigen Katz-und-Maus-Spiel mit der Kriminalpolizei, das mit verdeckten Ermittlern in einem Hotel in Basel endete. Bei jahrelangen wissenschaftlichen Untersuchungen wurde festgestellt, dass die jetzt sogenannte »Himmelsscheibe von Nebra« etwa 3.600 bis 4.000 Jahre alt ist. Sie befindet sich heute in Halle, im Landesmuseum für Vorgeschichte. Dargestellt sind in den Goldauflagen die Sonne (oder, je nach Deutung, der Vollmond), die Mondsichel und 32 goldene Sterne, sieben davon stehen eng beieinander und werden als Sternbild der Plejaden interpretiert. Es ist weltweit die älteste konkrete Himmelsdarstellung, ihr Wert ist unschätzbar (allein der Versicherungswert lag 2006 bei 100 Millionen Euro).

FASZINIERENDE STERNE

Diese spannende Geschichte mag die Faszination verdeutlichen, die seit je Sterne auf Menschen ausgeübt haben. »Weißt du, wie viel Sternlein stehen?«, fragt schon ein bekanntes Wiegenlied für die ganz Kleinen. Und das unbestritten schönste deutsche Abendlied (»Der Mond ist aufgegangen«) weiß um die Pracht des Abendhimmels: »Die goldnen Sternlein prangen / am Himmel hell und klar«. Mit bloßem Auge lassen sich, wenn es ganz dunkel, der Himmel ganz klar ist und nicht die vielen Lichtquellen der modernen Zivilisation stören, höchstens 2000 oder 3000 erkennen. Aber schon die Anzahl der mit modernen Teleskopen erfassbaren Sterne unserer Milchstraße ist unvorstellbar (schätzungsweise 70 Trilliarden, eine 7 mit 22 Nullen), von den fernen, unerforschten Galaxien ganz zu schweigen.

Man kann die Sterne nicht zählen. Davon ist schon in der Geschichte von Abraham die Rede. Sie spielt ungefähr in der gleichen Zeit, der sogenannten Bronzezeit, in der – in einer ganz anderen Weltgegend – die erwähnte Himmelsscheibe entstand. Von Abraham heißt es in der Bibel: »Gott führte ihn hinaus und sprach: Schau hinauf zum Himmel und zähle die Sterne, wenn du sie zählen kannst ... So wird deine Nachkommenschaft sein« (Genesis 15,5). Und Abraham glaubt das für ihn Unvorstellbare. Er traut seinem Gott zu, was Menschen für unmöglich halten. Davon sind dann auch die Nachkommen Abrahams, ihres Vaters im Glauben, überzeugt, auf den sich bis heute Juden, Christen und Muslime in seltener Eintracht berufen: »Der Herr bestimmt die Zahl den Sternen, ihnen allen ruft er ihre Namen zu«, wie es in den Psalmen heißt (Psalm 147,4).

EIN WEIT VERBREITETES ZEICHEN

Sterne im übertragenen Sinn begegnen uns auf Schritt und Tritt. In der Dekoration der Straßen und Einkaufszentren vor Weihnachten, als Form von süßen Plätzchen zu Weihnachten, bei den Sternsingern nach Weihnachten. In der Klassifikation der Hotels sind fünf Sterne höchster Luxus. Beim Militär ist der Viersterne-General, erkennbar an den Schulterklappen, der höchste Dienstgrad. Sterne tauchen in rund 120 der 280 Nationalfahnen auf, die meisten natürlich in der Flagge der Vereinigten Staaten, für jeden der fünfzig Bundesstaaten ein Stern. Wo das deutsche Wort »Stern« zu gewöhnlich und ein bisschen altmodisch klingt, wird das englische *Star* bevorzugt. In Film und Fernsehen, im Sport, in Kunst und Kultur wimmelt es von kleinen und großen Stars, viele

Medien und ihre Konsumenten pflegen einen geradezu kultischen Umgang mit ihnen.

Selbst beim Geld begegnet uns das Symbol des Sterns. So ist auf allen Euro-Münzen die Rückseite umgeben von einem Kranz mit zwölf Sternen. Das erinnert an die Europafahne, die ebenfalls zwölf Sterne zeigt. Die Zwölfzahl versinnbildlicht Vollständigkeit und Vollkommenheit. Sie hängt zusammen mit der Einteilung des Jahres in zwölf Monate, entsprechend dem scheinbaren Umlauf der Sonne durch die zwölf Sternbilder des Tierkreises. In der offiziellen Erläuterung des Europa-Rats von 1955 heißt es: »Wie die zwölf Zeichen des Tierkreises das gesamte Universum verkörpern, so stellen die zwölf goldenen Sterne alle Völker Europas dar, auch diejenigen, welche an dem Aufbau Europas in Einheit und Frieden noch nicht teilnehmen können.« Auch heute, nachdem die Europäische Union aus ehemals zwölf auf nahezu dreißig Staaten angewachsen ist, zeigt sich, dass diese Worte nichts an Aktualität verloren haben.

Wer mit der Bildsprache der Bibel ein wenig vertraut ist, wird sich an eine Stelle im Neuen Testament, in der Offenbarung des Johannes, erinnert fühlen, wo von einer geheimnisvollen Frau die Rede ist: »mit der Sonne bekleidet, der Mond unter ihren Füßen und auf ihrem Haupt eine Krone von zwölf Sternen« (Offenbarung 12,1). Ob die Urheber der maßgebenden Entwürfe für die Europafahne daran gedacht haben (wie sie zum Teil später selbst versicherten), ist freilich ungeklärt.

Zu allen Zeiten wurden Sterne als etwas Besonderes empfunden, als etwas von Ferne Leuchtendes, etwas Wegweisendes, Ermutigendes, Tröstendes und manchmal geradezu Göttliches. So wundert es nicht, dass sie auch in Märchen eine Rolle spielen. Märchen sind ursprünglich mündlich überlieferte, sehr alte und in allen Kulturen vorkommende Erzählformen. Man hat sie als Dramen bezeichnet, die sich auf der Bühne unserer Innenwelt abspielen. Was in ihnen geschieht, kann überall geschehen, und jeder Mensch kann es in sich selbst erleben, das große Thema der Märchen, den Kampf zwischen Gut und Böse. Das Gute erscheint oft in der Rolle des Schwächeren, des Jüngeren, des Kindes. Doch am Ende wird das Gute, meistens jedenfalls, belohnt und das Böse bestraft. So auch in dem kurzen Märchen bei den Brüdern Grimm mit dem Titel: »Die Sterntaler«. Da geht ein armes Waisenkind, das außer einem Stück Brot nichts besitzt, in die Welt hinaus und verschenkt aus Mitleid mit anderen Bedürftigen sein Brot, seine Mütze, sein Leibchen, sein Röckchen und schließlich auch sein Hemdchen. Wörtlich lautet der Schluss: »Und wie es so stand und gar nichts mehr hatte, fielen auf einmal die Sterne vom Himmel, und waren lauter blanke Taler; und ob es gleich sein Hemdlein weggegeben, so hatte es ein neues an, und das war vom allerfeinsten Linnen. Da sammelte es sich die Taler hinein und war reich für sein Lebtag.«

Die wohl bekannteste moderne Erzählung mit vielen alten Märchenmotiven ist »Der kleine Prinz« von *Antoine de Saint-Exupéry*. Das schmale Buch erschien 1943, gleichzeitig in französischer Originalsprache und in englischer Übersetzung in New York. Es sollte das letzte Werk des damals auch als Schriftsteller bereits berühmten französischen Berufspiloten sein. Es enthält in verschlüsselter Form Kritik an dem, was »die großen Leute« für einzig wichtig halten: Macht, Ruhm, Geld. Es ist ein unaufdringliches Plädoyer für weithin vergessene Werte wie Freundschaft, Vertrauen und Verantwortung. Einem hilfreichen, wegweisenden Tier, wie es in vielen Märchen vorkommt – bei Saint-Exupéry ist es ein Fuchs – wird die oft zitierte Quintessenz der Erzählung in den Mund gelegt: »Hier mein Geheimnis. Es ist ganz einfach: Man sieht nur dem Herzen gut. Das Wesentliche ist für die Augen unsichtbar.«

Bei seiner Reise zu den Planeten stößt der kleine Prinz auf einen Geschäftsmann, der ganz ernsthaft und angestrengt mit Zählen beschäftigt ist. Er zählt – Sterne: fünfhunderteine Million sechshundertzweiundzwanzigtausend siebenhundertzweiunddreißig. Es entspinnt sich der folgende hintergründige Dialog, der nichts an Aktualität verloren hat: »Und was machst du mit diesen Sternen?« – »Nichts, ich besitze sie.« – »Und was hast du davon, die Sterne zu besitzen?« – »Das macht mich reich.« – »Und was hast du vom Reichsein?« – »Weitere Sterne kaufen.« Der Geschäftsmann spricht dann noch davon, dass er die Zahl seiner Sterne auf ein kleines Papier schreibt und dieses Papier in eine Schublade sperrt. Der kleine Prinz findet das ziemlich lächerlich, er dachte über die ernsthaften Dinge völlig anders als die großen Leute.

Der Zauber dieses in über 180 Sprachen übersetzten Buches liegt nicht zuletzt auf den kongenialen Illustrationen des Autors, und dazu gehören die Sterne. Kein Wunder, ist doch der kleine Prinz von einem Stern gekommen und kehrt am Ende seiner Reise zu den Planeten wieder auf seinen Stern zurück. Zum Abschied macht er dem Ich-Erzähler, der in der Wüste mit seinem Flugzeug notgelandet war, ein Geschenk, indem er ihn auf die besondere Bedeutung der Sterne hinweist. Für Reisende sind sie Orientierung, für andere nichts als kleine Lichter. Für den zählenden Geschäftsmann waren sie so etwas wie Gold, und für die Wissenschaftler sind sie zu lösende Fragen. Gemeinsam für alle ist, dass die Sterne schweigen. Das Geschenk des kleinen Prinzen an den Autor aber lautet: »Wenn du bei Nacht den Himmel anschaust, wird es dir sein, als lachten alle Sterne, weil ich auf einem von ihnen wohne, weil ich auf einem von ihnen lache.«

LICHT AUS DER HÖHE

Als ich diesen Text beim kleinen Prinzen entdeckte, musste ich an Phil Bosmans denken, an sein bezauberndes, entwaffnendes, befreiendes Lächeln. Auch er dachte völlig anders als »die großen Leute«. Auch sein Geheimnis war: »Man sieht nur mit dem Herzen gut«, und sein tiefster Wunsch lautete: »Menschen glücklich machen«. Er liebte das Bild von den Sternen und gibt uns auch heute den guten, den rettenden Rat: »Hänge dein Leben an einen Stern, dann bist du immer auf dem Weg zum Licht.«

Was meint er mit dem Licht? Was ist Licht? Irgendwie weiß das jeder, nur wenn man es genau sagen soll, geraten wir in Verlegenheit. So kann der einfache Satz: Ich sehe Licht, Verschiedenes bedeuten. Sehen wir zum Beispiel spät abends ein erleuchtetes Fenster, dann sagen wir: Da ist noch jemand auf. Oder wenn wir uns mit verwirrenden Problemen herumschlagen müssen und plötzlich fällt es uns wie Schuppen von den Augen, dann sagen wir auch: Jetzt geht mir ein Licht auf. In dunklen, schier aussichtslosen Krisenzeiten wird den Menschen Mut gemacht mit der Aussicht auf »Licht am Ende des Tunnels«. In einem altbekannten Kirchenlied wird vom göttlichen Geheimnis beschwörend gesagt: »Er ist dein Licht, Seele, vergiss es ja nicht.«

Das Wort »Licht« ist eine Art »Liftwort«, mit dem wir durch ganz verschiedene und doch irgendwie zusammenhängende Wirklichkeitsbereiche fahren können. Mit Hilfe dieses »Fahrstuhls«, dieser Fähigkeit zur Übertragung, können wir etwas Unbekanntes anhand von etwas Bekanntem verstehen. Phil Bosmans war ein Meister in der Kunst, Lebenserfahrungen in bildreichen »Liftworten« auszusprechen, Lebensweisheit in einfachen, oftmals humorvoll überzeugenden, in buchstäblich »einleuchtenden« Worten zu bündeln. Aus vielen leidvollen Erfahrungen war ihm bewusst, was »Finsternis« für den Menschen bedeutet: ein Raum, in dem man nichts sieht, in dem man sich nicht bewegen kann, in dem man nichts tun kann. Man ist eingesperrt wie in einem Gefängnis. Das erleben Menschen bei schwerer Krankheit, in Lebenskrisen, bei beruflichem Scheitern, in zerrütteten Beziehungen. Und solche Situationen im Schatten des Todes erleben nicht nur einzelne Menschen, sondern in unserem Zeitalter der vielen Kriege in der Welt ganze Völker.

DER STERN DER HOFFNUNG

Das Zuchthaus von Cottbus war eins der größten Gefängnisse der DDR. Zwischen 1945 und 1989 saßen hier insgesamt rund 20.000 meist politische Häftlinge ein. 25 Jahre nach dem Mauerfall brachte das Staatstheater Cottbus *Ludwig van Beethovens* (1770–1827) Oper »Fidelio« im ehemaligen Gefängnisgelände, inzwischen eine Gedenkstätte, auf die Bühne. Das Besondere dabei: Singen war im Zuchthaus verboten. Jetzt wirkten Ex-Häftlinge, die heute in ganz Deutschland leben, in dem berühmten Gefangenenchor mit.

An seiner einzigen Oper hat Beethoven, eins der größten Genies der Musikgeschichte, fast zehn Jahre gearbeitet, sie immer wieder umgearbeitet, erweitert, neugefasst. Die Uraufführung der dritten endgültigen Fassung war 1814, also vor über zweihundert Jahren, in Wien. Sie gehört zum Typus der Befreiungsopern, wie sie in jener Zeit nach der Französischen Revolution populär waren. Im Handlungskern dieser Oper geht es um die Befreiung Florestans, eines todgeweihten politischen Gefangenen aus dem untersten Kerker, dem Todesverlies, durch die Liebe seiner Frau Leonore, die als junger Mann, als »Fidelio«, verkleidet, das Vertrauen des gutwilligen Kerkermeisters erwirbt und dem grausamen, zum Mord entschlossenen Tyrannen im entscheidenden Augenblick todesmutig entgegentritt. Im ersten Akt der Oper kommen die Gefangenen für kurze Zeit im Hof ans Tageslicht. Aber Florestan, der Mann Leonores, nach dem sie sehnsüchtig Ausschau hält, ist nicht darunter. Tief enttäuscht, macht sie sich selbst Mut in einer großen Arie, in der es heißt: »Komm, Hoffnung, lass den letzten Stern / der Müden nicht erbleichen! / O komm, erhell mein Ziel, sei's noch so fern, / Die Liebe, sie wird's erreichen.«

Sterne sind Zeichen des Lichts in der Nacht, tröstliche Gesten der Hoffnung. Phil Bosmans schreibt dazu: »Es gibt Sterne in der Nacht, die wir noch nie gesehen haben. Wenn es noch dunkler wird, dann fangen sie an zu leuchten. Hoffnung ist da, ein Ausweg, denn du siehst weiter: Du schaust wieder nach oben. – Wenn alles dunkel wird, zündet Gott die Sterne an, um uns durch die Nacht zu führen. – Auch wenn es ganz dunkel wird, werden wir noch immer einen Weg finden und können zum Weg werden für jene, die keinen Weg mehr sehen. Ein guter Mensch ist wie ein Stern für jene, die das Licht nicht finden.«

Finde die Freude
im Garten des Lebens

Finde die Freude im Garten des Lebens

»Garten« – für viele ein Sehnsuchtsort. Sie denken bei diesem Wort vor allem an schöne Blumen oder gesundes Gemüse oder reizvolle Kräuter. Für manche ist der Garten alltäglicher Arbeitsort, und sie denken eher an Gartenarbeit, an Graben, Hacken und Harken, Jäten und Gießen. Für andere verbinden sich mit dem Wort Garten vor allem eindrucksvolle Parkanlagen, erholsame Kurgärten, also das Gegenteil von mühsamer, schweißtreibender Gartenarbeit. In jedem Garten geht es um Leben, um Wachsen und Gedeihen, Zunehmen und Abnehmen, Blühen und Verblühen.

WO FINDEN WIR GEBORGENHEIT?

»Garten« ist ein uraltes Wort. Seine (indogermanische) Wurzel reicht vermutlich bis ins vierte Jahrtausend vor Christus und bedeutet so viel wie geschützter Raum, ein mit Gerten aus Weiden oder ähnlichen Gewächsen umzäuntes, eingefriedetes Gelände. Vor diesem sprachgeschichtlichen Hintergrund könnte man sagen: Garten ist ein Ort der Geborgenheit, der sicher ist vor unliebsamen Eindringlingen von außen, vor Schädlingen von innen, welcher Art auch immer, ein Ort, der Schutz bietet, zum Lebensunterhalt beiträgt und auch so etwas wie Zufriedenheit und Glück vermittelt.

Wo finden wir Geborgenheit? Diese Frage inspirierte *Clemens Brentano* (1778–1842), den romantischen Dichter mit der vielleicht musikalischsten Sprache, zu folgenden Versen aus einem seiner vielen Liebesgedichte: »Wo ist ein Grund, ein Dach, ein Schild, / Ein Himmel, der kein Wolkenflug, / Ein Frühling, der kein Vögelzug, / Wo eine Spur, die ewig treu, / Ein Gleis, das nicht stets neu und neu? / Ach, wo ist Bleibens auf der Welt, / Ein redlich, ein gefriedet Feld«. Elektrisiert hat mich die letzte Wendung, sie entspricht dem, wie die Sprachwissenschaft (Anfang des neunzehnten Jahrhunderts durch die Brüder *Jakob und Wilhelm Grimm* begründet, mit Brentano seit gemeinsamer Studienzeit in Marburg befreundet) das Wurzelwort »Garten« definiert: »eingehegter Platz, eingefriedigter Raum«.

Man kann den oft besungenen Zusammenhang zwischen Garten und Liebe auch in eingängigere Worte und Reime fassen, wie ein beliebter Hochzeitsvers es tut: »So ist es nun einmal im Leben, / den Garten wie die Liebe muss man pflegen. / Verweigert man der Blume Wasser und Licht, gedeiht sie beim besten Boden nicht.«

Phil Bosmans hat den Garten hinter Kirche und Kloster in Kontich bei Antwerpen, wo er jahrzehntelang wohnte, sehr geliebt. Wenn ich ihn in den 1970er- und 1980er-Jahren besuchte und im Kloster übernachtete, verschwand er regelmäßig vor dem Frühstück für ein paar Augenblicke und kam dann aus dem Garten zurück mit ein paar Salatblättern, einer Handvoll Kräuter, einer Mohrrübe – alles frisch gewaschen und appetitlich zum Frühstück bereitet. Erfahrungen aus dem Klostergarten sind dann auch in seine Texte und Bücher eingegangen. So schreibt er zum Beispiel: »Je mehr ich mich mit dem Garten und seinen Heilkräutern befasse, desto mehr entdecke ich, wie die Natur voller Wunder ist. In die Natur ist eine fantastische Liebe eingebaut. Du brauchst dir nur einmal in aller Ruhe eine Blume anzuschauen. Hör mal den Blumen zu, wenn sie miteinander reden: ›Arme, dumme Menschen‹, hörst du sie flüstern, ›sie sind krank. Sie laufen auf Ausstellungen – heute würde man vielleicht sagen: von einem Event zum anderen – und uns sehen sie nicht. Die größten Wunder sehen sie nicht.‹«

Oder ein anderes Beispiel: »Ich hatte Radieschen gesät, winzig kleine Samenkörnchen. Ich konnte sie kaum zwischen meinen Fingern halten. Ich ging schlafen, ich stand auf. Es regnete, die Sonne schien. Ich machte meine Arbeit und vergaß die Radieschen. Aber drei Wochen lang hat sich einer mit ihnen abge-

geben. Er hat die Radieschen im Schoß der Erde mit Liebe empfangen und genährt. Nun waren sie dick. An die fünfhundert Mal
so dick wie die Samenkörnchen, die ich in die Erde gelegt hatte.
Wochenlang konnten wir herrlich frische Radieschen genießen.«

Das Bild vom Saatkorn hat es ihm besonders angetan. Darin sieht er das große Geheimnis von Leben und Sterben, von
Stille, Einfachheit, Verborgenheit.

MIT BÄUMEN SPRECHEN

Ich erinnere mich an eine Anfrage, ob ich für folgenden Text
Auskunft geben könne, wo Phil Bosmans ihn veröffentlicht
hatte: »Sprich einmal mit einem Baum, auf eine menschliche
Weise. Sei vor allem freundlich. Komm nicht mit einer Säge oder
einer Axt. Lobe ihn wegen seiner schönen Blätter, wegen seiner
großen Blätter, seiner kleinen Blätter, seiner zarten Blätter, wegen seines prächtigen Kleides. Sag ihm, wie stark sein Stamm ist
und dass in seinen Zweigen die Sonne spielen kann. Schau ihn
einmal ruhig an und lausche. Du wirst ihn hören. Vielleicht zum
ersten Mal wirst du ihn hören.«

Die Quelle dieses Textes hatte ich schnell herausgefunden, das Buch »Liebe wirkt täglich Wunder« (Freiburg 1980),
aber dabei stellte ich auch fest, dass drei Zeilen weggelassen
waren, die dem Text vorangestellt sind. Eigentlich schade,
denn sie sind typisch für Bosmans, für seinen hintergründi-
gen Mutterwitz, für seine Lebensweisheit in überraschender,

prägnanter Spruchform: »Wer mit einem Baum sprechen kann, braucht nicht zum Psychiater. Nur meinen die meisten Menschen das Gegenteil.«

Phil Bosmans fasst die Situation des Menschen in der Welt in folgende einfache, plastische Worte, mit denen er zum Herzen spricht, aber auch ins Gewissen redet: »Lieber Mensch, dir wurde alles in die Hände gelegt, alles Leben wurde dir anvertraut. Du hättest Gärtner sein können in einem Paradies, in dem lauter Blumen für dich gratis blühen.« Aber was hat dieser Gärtner im Garten des Lebens gemacht? »Du hast deine Hände zu Riesengreifern gemacht und deine Füße zu Riesenbaggern, überall Stahl und Beton. Nun sitzt du fest, tot zwischen tausend toten Dingen und suchst verzweifelt die Pille zum Leben.«

GARTEN-KULTUR

Gärten sind Orte des Lebens, aber auch Mittel, um vor anderen anzugeben! Die älteste bekannte große Gartenanlage mit über 300 Bäumen, wie Archäologen erst vor kurzem herausgefunden haben, liegt in einer Totenstadt (Nekropole) südlich von Kairo. Die Mitte dieser Anlage bildete eine Pyramide. Pyramiden sind eine Art Königsgräber für Pharaonen und ihre höchsten Mitarbeiter. Schon in der Antike galten die Pyramiden von Gizeh als eines der sieben Weltwunder, das einzige bis heute erhaltene, faszinierend und trotz wissenschaftlicher Erforschung seit über hundert Jahren immer noch voller ungelöster Rätsel. Die erwähnte Gartenanlage stammt aus der Zeit des Alten ägyptischen Reiches, etwa 2400 Jahre vor Christus. Man kann sich fragen, von was für Motiven die Pharaonen beseelt waren, solche gigantischen Pyramidenbauten in jahrzehntelanger Arbeit von Tausenden Arbeitern mit für uns heute unvorstellbar primitiven Mitteln errichten zu lassen, welche Rolle kultisch-religiöse Vorstellungen dafür ausschlaggebend waren. Es werden auch Repräsentationsbedürfnisse mitgespielt haben. Man wollte sich selbst und der Welt zeigen, wie mächtig und wie prächtig die Götter und ihnen unsterblich verbunden die Pharaonen sind. Und nicht zuletzt vermutlich auch, was man sich alles leisten kann.

Dieses Motiv wiederholt sich in schöner Regelmäßigkeit im Laufe der Geschichte, in der Zeit des späten Rom nicht anders als in den Jahrhunderten der Renaissance und des Barock bis in unsere Gegenwart – man denke etwa an das mit 828 Metern höchste Gebäude der Welt in Dubai (Vereinigte Arabische Emirate), dagegen wirkt die Cheops-Pyramide in Gizeh mit ihren rund 140 Metern wie ein Zwerg. Was Könige wie Ludwig XIV. in Versailles oder Heinrich VIII. in London auch in der Gartenbaukunst vorgemacht haben, wurde von zahlreichen kleineren Fürstenhöfen nachgeahmt. Was davon bis heute erhalten blieb, dient jetzt als Sehenswürdigkeit für Touristen oder willkommene Kulisse für Staatsempfänge.

Ein Schlosspark spielt auch eine Rolle in einer der schönsten Novellen der deutschen Literatur, »Mozart auf der Reise nach Prag« von *Eduard Mörike*. Die auslösende Szene der Erzählung spielt im Schlosspark eines Grafen. Mozart ergeht sich während einer Pause auf der Reise in der ihm völlig unbekannten lieblichen Umgebung. Ein Pomeranzenbaum voll der schönsten Früchte erinnert ihn an eine Begebenheit aus seiner Knabenzeit. Gedankenverloren, nicht ahnend, dass dieser Baum eine große Rolle beim Verlobungsfest der Tochter des Grafen am Abend spielen sollte, pflückt er eine Frucht und wird dabei vom Gärtner auf frischer Tat ertappt und zur Rede gestellt. Zur Entschuldigung schreibt er gleich eine Botschaft an die Gräfin: »Gnädigste Frau! Hier sitze ich Unseliger in Ihrem Paradiese, wie weiland Adam, nachdem er den Apfel gekostet. Das Unglück ist geschehen ... Befehlen Sie, und ich stehe persönlich Ihro Gnaden Rede über meinen mir selbst unfasslichen Frevel. Mit aufrichtiger Beschämung Hochdero untertänigster Diener W. A. Mozart, auf dem Weg nach Prag«.

Das Ganze nimmt natürlich einen glanzvollen Ausgang. Bei dem Fest am Abend spielt Mozart auf dem Klavier zur Begeisterung der Gesellschaft Teile aus seiner fast fertigen Oper »Don Giovanni«, zu deren Uraufführung Mozart unterwegs nach Prag ist. Die Novelle endet dann, gewissermaßen in Moll, mit den berühmten volksliedhaften Versen über den Tod mitten im Leben: »Ein Tännlein grünet wo, / Wer weiß,

im Walde; / Ein Rosenstrauch, wer sagt, / in welchem Garten? / Sie sind erlesen schon, / Denk es, o Seele, / Auf deinem Grab zu wurzeln / und zu wachsen.«

EIN LEBEN FÜR DEN GARTEN

Der Garten mit seinen Blumen, der Park mit seinen Beeten und Bäumen spielt, wie zu erwarten, nicht nur in der Literatur, sondern auch in der Malerei eine bedeutende Rolle. Kennen Sie den vielleicht bedeutendsten Maler von Gärten in der Geschichte der Kunst? Er hat mal gesagt, er verdanke seine Malerei den Blumen.

Es ist der französische Maler *Claude Monet* (1840–1926). Er hat sich, als er finanziell dazu einigermaßen in der Lage war, ein Haus gekauft und dort einen Garten mit Teichen und Bächen zugelegt und sich auch selbst als Gärtner betätigt. Monet wird der Satz zugeschrieben: »Bis auf die Malerei und die Gärtnerarbeit tauge ich zu nichts.« Also malt er und pflanzt er. 42 Jahre lang pflegte Monet seinen blühenden Garten als seine Kraftquelle. Zu seinen Lieblingsmotiven gehören die Seerosen auf seinem Gartenteich. 1903 beginnt er sie zu malen, und er wird bis zum Lebensende nichts anderes mehr malen *(siehe Seite 241)*.

Ein anderes Gartenbild geht mir besonders nahe: »Garten des Hospitals in Arles«. *Vincent van Gogh* (1853–1890) malte es 1889, als er wegen einer Verletzung am Kopf und wegen eines zeitweise ausbrechenden Nervenleidens in das Hospital musste. Es ist der Blick aus dem Fenster seines Zimmers in einen quadratischen Innenhof voller Blumenbeete mit Schwertlilien, Vergissmeinnicht, Oleander, Stiefmütterchen, Mohn und in der Mitte ein kleiner, kreisrunder Teich, dahinter die markanten weiß und gelb gehaltenen Arkaden des Gebäudes (*siehe Seite 244–245*). Ein festliches Bild, entstanden wie viele seiner heute weltberühmten, aber zu seinen Lebzeiten unverkäuflichen Gemälde in einer tiefen, tragischen Lebenskrise, ein Jahr später war das Genie der Malerei mit siebenunddreißig Jahren tot. »Finde die Freude – trotz aller gegensätzlichen Erfahrungen – im Garten des Lebens«: Das ist für mich die Botschaft, die von diesem Bild ausgeht.

DER GROSSE GÄRTNER

Der Garten als Ort der Geborgenheit und der Freude – auch die Bibel kennt kein passenderes Bild für gelungenes Leben. Sie fasst den heilen Ursprung der Menschheit in das Bild vom »Garten Eden«. Gott selbst tritt auf den ersten Seiten der Bibel (Genesis 2 und 3) als Gärtner auf: Gott »pflanzte einen Garten in Eden gegen Osten, und dahinein setzte er den Menschen, den er gebildet hatte«. Als die hebräische Bibel in die Weltsprache der damaligen Zeit, das Griechische, etwa zwei, drei Jahrhunderte vor Christus, übersetzt wurde, borgte man sich für »Garten« das entsprechende Wort von persischen oder

altiranischen Nachbarn aus, passte es als Lehnwort dem Griechischen an und sagte: *parádeisos*. Vom Paradiesgarten heißt es dann weiter: Gott »ließ allerlei Bäume aus dem Erdboden wachsen, lieblich anzusehen und gut zu essen, den Baum des Lebens in der Mitte des Gartens und den Baum der Erkenntnis des Guten und Schlechten«.

Die Vorstellung von einem »Paradies« als Sehnsuchtsort menschlichen Glücksverlangens, als Inbegriff höchster Freude oder auch als Belohnung für treue Dienste, als Entschädigung für erlittenes Leid und Unrecht hat Menschen seit je beflügelt, hat getröstet und ermutigt. Heutzutage ist das Wort tausendfach banalisiert in der kommerziellen Werbeindustrie, wenn etwa ein Urlaubsparadies, Schlemmerparadies, Bade- oder Bettenparadies verführerisch angepriesen wird wie ein Prachtstück aus einem märchenhaften Schlaraffenland. Ganz zu schweigen von einer verbrecherischen Politik, die ein Paradies auf Erden verspricht, das sich hinterher in der grausamen Realität als eine Hölle auf Erden herausstellt.

Dem Paradies der Urzeit entspricht in im letzten Buch der Bibel das Bild vom himmlischen Jerusalem. Das Bild der wohnlichen Stadt und des Leben schenkenden Garten verschmelzen in diesem Bild. Mitten in der prächtigen Stadt »Neu-Jerusalem« fließt ein Strom, »das Wasser des Lebens, klar wie Kristall ... Zwischen der Straße der Stadt und dem Strom, hüben und drüben, steht ein Baum des Lebens. Zwölfmal trägt er Früchte, jeden Monat gibt er seine Frucht; und die Blätter des Baumes dienen zur Heilung der Völker« (Offenbarung 22,2). Alles sehnt sich nach Leben, alles erfüllt sich mit Leben.

Für Phil Bosmans liegt die Quelle des Lebens und der Grund der Freude am Leben in Gott, in der Erfahrung Gottes, »ein ganz eigenes Gefühl, das sich kaum beschreiben lässt«, wie er sagt, »eine Begegnung mit einem Wesen, das man nicht sieht, und doch spürt man seine Gegenwart, beinahe zum Greifen nahe, in einem tiefen Frieden und einer unaussprechlichen Freude, die einen manchmal erfüllen. Augenblicke von großer Sicherheit und paradiesischen Glück. Gott ist meine Oase. Er ruft mich aus der Wüste heraus und will mir die Wunder in seinem Garten zu kosten geben, die Gaben seines Herzens, die Früchte seines Geistes.«

Hoffnung hat viele Quellen. Eine bist du!

Das haben wir alle schon mal erlebt, wenn wir auf ungepflasterten Wegen durch Feld, Wald und Wiesen unterwegs waren: Plötzlich eine Stelle, aus der Wasser aus dem Boden zu treten scheint, eine schlammige Pfütze – und unsere Füße sind nass und die Schuhe schmutzig! Wer draußen unterwegs ist, weiß: Manchmal schlängelt sich ein kleiner Bach über den Weg oder eine große Pfütze zwingt uns zu Umwegen. Oder wir stehen am Ufer eines Flusses und fragen uns: Wo kommt das viele Wasser her, wo fließt es hin? Wo ist die Quelle und wie weit mag es bis zur Mündung sein?

FLÜSSE UND QUELLEN

Zu den bekanntesten, reizvollsten, oft besungenen Flüssen Europas gehört der Rhein, aber was seine Länge angeht (1232 Kilometer), ist er im Vergleich zur mehr als doppelt so langen Donau (2843 Kilometer) nur »Mittelmaß«. Auch von ihr könnte man wie von den meisten Flüssen sagen: »Viele Quellen hat die Donau.« Gewöhnlich sind nur die beiden Zuflüsse Breg und Brigach bekannt, die sich in der Nähe von Donaueschingen zur Donau vereinigen und von denen es sprichwörtlich im Schwarzwald heißt: »Brigach und Breg bringen die Donau zuweg.« Dabei hat man aber die vielen kleineren, in den sumpfigen Hangwiesen verborgenen Quellen der Einfachheit halber übersehen.

Wasser beziehen wir heute gewöhnlich aus der Wasserleitung und nicht mehr »am Brunnen vor dem Tore«. In alten Volksliedern wurde noch der Brunnen mit dem Lindenbaum als Ort geheimnisvoller, liebevoller Begegnung besungen. Manche werden noch die Melodie von »Wenn alle Brünnlein fließen« im Ohr haben und den verliebten Sehnsuchtsseufzer »Wenn ich mein Schatz nicht rufen darf«. Aber mit der technischen Entwicklung, auf deren Errungenschaften und Bequemlichkeiten heute kaum jemand verzichten möchte, haben solche Orte ihren Sitz im Leben verloren, sie wirken auf viele Zeitgenossen wie abgestorbene, bestenfalls museale Relikte aus längst vergangenen Zeiten. So scheint es auf den vordergründigen Blick.

Doch mit der Zeit können sich Einschätzungen auch ändern. Was man noch vor Jahrzehnten keines Blickes für würdig hielt und achtlos entsorgte, erscheint einer späteren Generation ganz neu in seinem bisher nicht erkannten, nicht geschätzten Wert. Erstaunlich, wie Zeugnisse aus vergangenen Zeiten, Denkmäler von historischer Bedeutung, Überlieferungen, Sitten und Gebräuche früherer Generationen auf einmal wieder neues Interesse entfachen.

In Unterfranken gibt es, nah bei der früheren Abtei Amorbach, ein Quellheiligtum aus vorchristlicher Zeit: Amorsbrunn. Im frühen Mittelalter, als Mönche durch Klostergründungen das Christentum verbreiteten, soll über dieser Quelle eine Kapelle errichtet worden sein. Das Wasser stand Jahrhunderte lang im Ruf heilender Kräfte, insbesondere zur Weckung von Kindersegen. Das sprach sich weit herum, bis nach Wien zur Erzherzogin Maria Theresia. Sie sorgte durch Geldstiftungen dafür, dass Bittgottesdienste zu ihren Gunsten abgehalten wurden. Zunächst klappte es nicht, dass sie guter Hoffnung wurde, aber dann half überreichlich der Kindsbrunnen von Amorbach: Sie bekam sechzehn Kinder.

UNHEIMLICHES WASSER

Wasser ist wichtigstes Element des Lebens, beim erwachsenen Menschen besteht der Körper zu 65 Prozent aus Wasser! Zugleich hat das Wasser, in dem man untergehen und ertrinken kann, seit alters her auch etwas Bedrohliches. In den Liedern der Volksfantasie hausen in oder an Wassern oftmals unheimliche, gespenstische Wesen. Ein im neunzehnten Jahrhundert beliebtes Volkslied war die »Ballade vom Wassermann«: »Es freit ein wilder Wassermann / in der Burg wohl über dem See. / Des Königs Tochter musst er han, / die schöne junge Lilofee.« Natürlich endet es für die Königstochter damit, dass sie ins Wasser hinabsteigen muss. Zahlreich sind aber auch die weiblichen Wassergeister, angefangen von den verführerischen Sirenen in *Homers* »Odyssee« bis hin zu den kriegerischen Walküren und den das Rheingold bewachenden Rheintöchtern in *Richard Wagners* »Ring der Nibelungen«.

In der Nähe von Ulm, am Fuß der Schwäbischen Alb, liegt das Städtchen Blaubeuren an dem Flüsschen der Blau. Sie entspringt einem unterirdischen Wasserkessel, dem Blautopf, einer der wasserreichsten Quellen Deutschlands (mit einer »Schüttung« von durchschnittlich 2300 Litern pro Sekunde). Karstquellen wie der Blautopf beziehen ihr Wasser unterirdisch aus einem weit ausgedehnten Höhlensystem. Im Volksglauben galt diese Quellstelle als bodenlos. Versuche, mit einem Bleilot die Tiefe zu ermitteln, sollen immer wieder von einer Nixe vereitelt worden sein, die das Gewicht entwendet habe. Die Sage weiß auch von der »schönen Lau«, einer verzauberten Nixe, die in der Quelle haust und unvorsichtige Mannsbilder in die Tiefe lockt. *Eduard Mörike* hat sie in seinen meisterhaften Erzählungen vom Stuttgarter Hutzelmännlein verewigt.

Aber das bei uns mit Abstand bekannteste gespenstische Wesen dieser Art dürfte die »Loreley« am Rhein sein, die mit ihrem betörenden Gesang die Schiffer an der gefährlichen felsigen Stromenge ins Unglück verführt hat. »Ich weiß nicht, was soll es bedeuten, dass ich so traurig bin« – durch *Heinrich Heine* (1797–1856) wurde dieses »Märchen aus uralten Zeiten« unsterblich.

Die Loreley bekommt gewissermaßen eine tschechische Kollegin in der Nixe Rusalka, die sich nach menschlicher Liebe sehnt, »Rusalka« wurde zur erfolgreichsten Oper von *Antonín Dvořák* (1841–1904). Auch die bekannteste sinfonische Dichtung (»Mein Vaterland«) von *Bedřich Smetana* (1824–1884) hat ebenfalls mit Wasser zu tun: mit dem Wasser der Moldau. Ihr Lebenslauf von den rieselnden Quellen, dann durch die böhmische Landschaft, durch Stromschnellen, vorbei an Jagdszenen und Bauernhochzeit, auch mitten durch die große Stadt Prag, alles wird wunderbar musikalisch geschildert, bis der inzwischen gewaltige Strom schließlich mit der Elbe zusammenfließt.

Vielleicht zu den schönsten Texten von Phil Bosmans gehört sein »Lied vom lebendigen Wasser«, ein Hymnus auf die Liebe: »Ich höre das Wasser in der Quelle singen. Ich höre das Lied vom lebendigen Wasser, wie es aufsteigt, wie es auf die Suche geht nach dürrem Land, nach Menschen in der Wüste, wie es sich seinen Weg bahnt, Bäche und Flüsse bildet. Ich höre das Wasser jubeln über jedes Herz, das sich öffnet, und über alle Menschen, die trinken vom lebendigen Wasser der Liebe und trunken werden von Liebe. Wenn du in der Wüste des Lebens irgendwo Liebe findest, wahre Liebe, dann geh mit der Liebe mit, und du kommst zum Quell aller Liebe, zu Gott, der großen Oase für Zeit und Ewigkeit.«

»Menschen, die trinken vom lebendigen Wasser der Liebe und trunken werden von Liebe« – ist das vielleicht zu schön, um wahr zu sein? Bekommen wir heute nicht tagaus tagein in den Medien bis zum Überdruss ganz andere »Lieder« zu hören: erschreckende Berichte von Gewalt und Verbrechen, deprimierende Artikel von Krisen, Krieg und Katastrophen, verstörende Nachrichten über tragische Unfälle? Das Traurigste dabei: Dieses Klagelied ist wie eine unerbittliche Begleitmusik zur ganzen Menschheitsgeschichte.

Noch stehen die Schrecken des zwanzigsten Jahrhunderts deutlich in Erinnerung: die beiden Weltkriege, blutige Revolutionen und Massenmorde, KZs und Gulag, Auschwitz und Hiroshima. Aber etwa siebenundzwanzig Jahrhunderte früher, also etwa um 700 vor Chr., sah es nicht viel besser aus. Aus jener Zeit stammt die mythische Erzählung von der sogenannten Büchse der Pandora. Darin schildert *Hesiod*, einer der ältesten Dichter der griechischen Antike, wie der *Göttervater* Zeus der ersten Frau Pandora den Auftrag erteilt, den Menschen eine Büchse zu übergeben, die aber keinesfalls geöffnet werden dürfe. Doch Pandora hält sich nicht daran und macht sie auf. Darauf entweichen aus ihr alle Laster, alle Gemeinheiten, alle Bösartigkeiten, alles Unheil, alle Krankheiten, alles Tödliche. Das alles breitet sich anscheinend unaufhaltsam in der Welt aus. Das letzte, das einzig Positive, das die Büchse enthielt, war die Hoffnung. Doch bevor diese in die Welt gelangte, war die Büchse wieder verschlossen. So trostlos endet die mythische Erzählung, sie ist kein historischer Bericht, aber doch eine dichterische Spiegelung menschlicher Gefühle und Erfahrungen.

Die biblische Überlieferung spricht eine andere Sprache. Im Neuen Testament wird das Leben des Christen als ein Leben der Hoffnung beschrieben, kennzeichnend für die christliche Existenz ist die Hoffnung. In der ältesten Schrift des Neuen Testaments, dem ersten Brief des Paulus an die von ihm gegründete Gemeinde in Thessalonich, schreibt er den von ihrer Umgebung drangsalierten Christen, sie sollten nicht traurig sein »wie die anderen, die keine Hoffnung haben« (1 Thessalonicher 4,13). Wer Hoffnung hat, hat Zukunft. Wer Hoffnung hat, lebt anders. Dieses Motiv der Hoffnung durchzieht alle Briefe des Paulus. Sein großes Lehrschreiben an die Christen in Rom, der Römerbrief, endet mit diesem geradezu enthusiastischen Segenswunsch: »Der Gott der Hoffnung erfülle euch mit lauter Freude, so dass ihr überströmt von Hoffnung« (Römer 15,13).

In der Apostelgeschichte schildert Lukas, was Paulus bei einem erneuten, seinem letzten Aufenthalt in Jerusalem erlebt: dramatische Szenen, die an die Passionsgeschichte Jesu erinnern. Mit knapper Müh und Not entgeht er einem Mordanschlag durch eine fanatische religiöse Gruppe. Zunächst wird er durch das nächtliche Eingreifen der römischen Besatzungsmacht gerettet. Dann, als Gefangener, bekennt er im

Verhör durch den leitenden Offizier und die versammelten jüdischen Autoritäten, den Hohen Rat, weswegen er vor Gericht steht: wegen der Hoffnung seines Glaubens, »wegen der Hoffnung auf die Auferstehung der Toten« (Apostelgeschichte 23,6). Unzählige Male gab es in der zweitausendjährigen Geschichte des Christentums vergleichbare Situationen, in denen für die Betroffenen viel, wenn nicht sogar alles auf dem Spiel stand, Leben oder Tod.

Kurz nach dem Zweiten Weltkrieg erschien der Bericht von *Viktor E. Frankl* (1905–1997), einem Wiener jüdischen Arzt und Psychotherapeuten, der das Grauenvolle der Konzentrationslager erlebt und überlebt hat. Für ihn ist ein Schlüsselsatz, um in Extremsituationen zu bestehen, das Wort von *Friedrich Nietzsche*: »Wer ein Warum zu leben hat, erträgt fast jedes Wie.« Wehe denen, die im Lager kein Lebensziel mehr vor sich sahen, die sich aufgegeben hatten und jeglichen Zuspruch ablehnten: »Ich hab ja vom Leben nichts mehr zu erwarten.« Dazu sagt Frankl, der später weltberühmt gewordene Begründer einer bahnbrechenden Therapieform (der Existenzanalyse und Logotherapie): »Es kommt eigentlich nie und nimmer darauf an, was wir vom Leben noch zu erwarten haben, vielmehr lediglich darauf: was das Leben von uns erwartet!«

Es geht um eine fundamentale Wende der Lebenseinstellung, vergleichbar mit dem Umsturz im Weltbild durch *Kopernikus* (nicht die Sonne dreht sich um die Erde, sondern gerade umgekehrt): Nicht, was ich vom Leben zu erwarten habe, was mir an Hoffnung gegeben wird, sondern vielmehr umgekehrt, was das Leben von mir erwartet, was ich an Hoffnung zu geben vermag.

»Menschliches Leben«, so sagt Viktor Frankl den Mithäftlingen in der stockfinsteren Baracke des Todeslagers, »hat immer und unter allen Umständen Sinn, und dieser unendliche Sinn des Daseins umfasst auch noch Leiden und Sterben, Not und Tod. Auf jeden von uns schaut in diesen schweren Stunden und erst recht in der für viele von uns nahenden letzten Stunde irgendjemand mit liebevollem Blick, ein Freund oder eine Frau, ein Lebender oder ein Toter – oder ein Gott. Und er erwartet von uns, dass wir ihn nicht enttäuschen.« Diese Erfahrung wird von anderen bestätigt, zum Beispiel von dem tschechischen Schriftsteller und Bürgerrechtler *Vaclav Havel* (1936–2011), der fünf Jahre im Gefängnis verbringen musste, nach der sogenannten Samtenen Revolution aber zum Staatspräsidenten gewählt wurde. Er hat gesagt: »Hoffnung ist nicht die Überzeugung, dass etwas gut ausgeht, sondern die Gewissheit, dass etwas Sinn hat, egal wie es ausgeht.«

EINE UNERSCHÖPFLICHE QUELLE

Ein besonders eindrucksvolles Zeugnis der Hoffnung gibt *Nguyên Van Thuân* (1928–2002). Er war Erzbischof von Saigon, sein Wappenspruch lautete: »Freude und Hoffnung« (*gaudium et spes).* Nach dem Vietnamkrieg 1975 verbrachte er insgesamt dreizehn Jahre im Gefängnis des Vietkong: »Während meiner langen Qual von neun Jahren Isolationshaft, in einer Zelle ohne Fenster, manchmal tagelang elektrischem Licht ausgesetzt, manchmal in der Finsternis, hatte ich das Gefühl, in der Hitze und Feuchtigkeit zu ersticken.«

Am schlimmsten war für ihn der Gedanke, dass jetzt alle pastoralen Werke und Initiativen, die er als junger Bischof für Gott begonnen hatte, zugrunde gehen würden. »Eines Nachts hörte ich aus der Tiefe meines Herzens eine Stimme, die zu mir sagte: ›Warum quälst du dich so? Du musst unterscheiden zwischen Gott und den Werken Gottes. Wenn Gott will, dass du alles loslässt, dann tu es sofort, er wird die Dinge unendlich viel besser tun als du.‹ Das Licht dieser Einsicht hat mir einen neuen Frieden gebracht, der meine Denkweise völlig veränderte und mir half, physisch eigentlich unerträgliche Momente zu überstehen.«

»Freude und Hoffnung«, der Wappenspruch von Erzbischof Nguyên Van Thuân, könnte auch als Lebensmotto für das Wirken von Phil Bosmans gelten: »Am Horizont steht das Zeichen der Hoffnung. Auf der Erde hat der Himmel begonnen. Wir können neu werden. Wir können geheilt werden von allen Wunden, auch von der tiefsten Wunde, dem Tod. Tritt ein in das Magnetfeld eines Gottes, der Liebe ist. Durch alle dunklen Tunnel hindurch wirst du so viel Licht, so viel Leben und Freude finden, dass du in deinem tiefsten Wesen ein bisschen Himmel spürst.«

Phil Bosmans
und der Bund ohne Namen

Phil Bosmans und der Bund ohne Namen

Die Texte dieses Buches gehen zurück auf Gedanken, die zuerst auf den jährlichen Begegnungstreffen des Bund ohne Namen vorgetragen wurden. Was ist der »Bund ohne Namen«? »In diese Welt gehört mehr Herz – mein eigenes«, lautet ein wichtiges Wort im Bund ohne Namen, man könnte sagen: das Motto, der Anlasser, die Initialzündung dieser Bewegung. Der deutsche Bund ohne Namen hat ein großes Vorbild, den »Bond zonder Naam«, der 1959 in Antwerpen durch Phil Bosmans gegründet wurde. Unermüdlich hat der flämische Ordensmann die Botschaft des Herzens in Vorträgen, Rundfunkansprachen, Interviews verbreitet und in Büchern, die weltweit zu Bestsellern wurden. Zum Wort kam die Tat: zahlreiche soziale Initiativen für Menschen in Not wie zum Beispiel ein »Hotel für Menschen in Not«, Werkstätten für Behinderte, Frauenhäuser, Weihnachtsaktionen für Strafgefangene, Ferienangebote für Mittellose, Reparaturdienste, Begegnungen mit bedürftigen Menschen.

Nach dem flämischen Vorbild wurde 1988 in Frankfurt am Main ein deutscher Bund ohne Namen gegründet. Der Sitz war mehrere Jahre in Neresheim, 1996 wurde er mit dem Büro nach Freiburg verlegt.

Der Bund ohne Namen ist in erster Linie eine Bewegung, kein Mitgliederverein. Wem die Botschaft des Herzens sympathisch ist, wer sich die Materialien des »Bund ohne Namen« zusenden lässt, wer an den Begegnungstreffen teilnimmt, wer etwas bestellt oder spendet, bleibt ganz frei. Er/sie geht keine Verpflichtungen wie sonst bei einem Verein ein, er/sie kann, aber muss nichts bezahlen und auch nichts spenden. Es gibt keinen Mitgliedsbeitrag. Die Bewegung wird zusammengehalten durch die gemeinsame Überzeugung: Die Botschaft des Herzens, wie sie von Phil Bosmans ausgesprochen und verwirklicht wird, ist mir sehr sympathisch. Das ist eine gute und wichtige Sache, das gefällt mir, und dafür, für die Sache des Herzens, setze ich mich ein, soweit mir das möglich ist.

Damit eine solche Bewegung aber unter den heutigen gesellschaftlichen und wirtschaftlichen Gegebenheiten agieren kann, braucht sie eine rechtliche Basis. Das ist der eingetragene Verein mit einer Satzung, mit Mitgliedern (sogenannten ordentlichen Mitgliedern), mit einer Jahreshauptversammlung, einem Vorstand, Wahlen zum Vorstand, Kassenbericht, also mit allem, was im Vereinsrecht vorgeschrieben ist. Dieser organisierte Verein ist sehr klein. Alle Ämter sind ehrenamtlich. Der Bund ohne Namen bemüht sich um so viel Leben wie möglich, und nimmt dazu an Organisation so viel in Kauf, wie unbedingt unerlässlich ist.

Die Hauptaufgaben des organisierten Vereins, seiner Geschäftsführung und des Vorstands bestehen vor allem darin, sich selbst und die eingehenden Spenden für die Weitergabe der Botschaft von Phil Bosmans einzusetzen. Das geschieht vor allem durch folgende Tätigkeiten:

* Ein regelmäßiger Rundbrief (K13. Der Brief aus dem Bund ohne Namen) wird geschrieben und an alle kostenlos versendet, die sich für die Lebensimpulse von Phil Bosmans und die Arbeit des Bund ohne Namen interessieren. Der K13-Brief erscheint viermal im Jahr. Sein Name (»K13«) ist eine Anspielung auf das dreizehnte Kapitel des ersten Korintherbriefs: das Hohelied der Liebe ...

* Inspiriert durch die von Phil Bosmans erfundenen Spruchkarten (»Hebelkarten«) veröffentlicht der Bund ohne Namen acht kostenlose »Impulskarten« im Jahr. Kurze, prägnante Impulse, gestaltet mit Fotografien von Roland Höpker und einem anregenden Kurztext auf der Rückseite. Ziel ist, das Lebenswichtige ganz einfach und so anschaulich wie möglich sagen. Die Texte sollen nicht so sehr »informieren«, das heißt Wissen vermitteln, sondern »performieren«, das heißt, zu einem anderen Leben verhelfen, zu einem Leben mit mehr Herz.

* Jedes Jahr wird der Phil-Bosmans-Kalender »Jeden Tag ein Lächeln« zusammengestellt und veröffentlicht.

* Einmal im Jahr lädt der Bund ohne Namen alle Freundinnen und Freunde zu einem mehrtägigen Begegnungstreffen ein. In Besinnung auf die Botschaft von Phil Bosmans, in Musik und Bewegung und kreativen Workshops, in der Einladung zu Gebet und Gottesdiensten tanken alle Teilnehmenden »Sonne«, um den »Weg des Herzens« in ihrem Alltag zu gehen. Freundinnen und Freunde aus dem kroatischen und dem ukrainischen Bund ohne Namen sind willkommene Gäste. 2017 fand das zwanzigste Begegnungstreffen des deutschen Bund ohne Namen statt. Ein Mittelpunkt der Treffen war immer ein »Impulsreferat« durch den Geschäftsführer des Bund ohne Namen. Aus diesen Texten ist das vorliegende Buch entstanden.
* Alle Informationen zum Bund ohne Namen sind auch im Internet zugänglich; dazu betreut der Bund ohne Namen eine eigene Website: www.bund-ohne-namen.de oder www.phil-bosmans.de
* Unterstützung von Hilfsprojekten durch die Spenden an den Bund ohne Namen.

TATEN DES HERZENS

Auf die »Botschaft des Herzens« müssen Taten des Herzens folgen. Das tun viele Freundinnen und Freunde im Bund ohne Namen. Nicht nur durch Spenden, sondern ganz persönlich, uneigennützig, wie selbstverständlich: durch ihren Einsatz, wo sie Not sehen und Menschen in Not helfen können. Hinter allen Hilfsprojekten, die der Bund ohne Namen unterstützt, stehen solche Menschen. Ihnen stellt der Bund Spendenmittel zur Verfügung, damit sie ihrerseits noch mehr helfen können. Hier einige Beispiele, wo in den letzten Jahrzehnten Notleidenden geholfen werden konnte:

* in Lettland: im Kinderheim von Sausneja, im Altenheim von Cesis;
* in Litauen: im Krankenhaus von Telsiai, im Altenheim von Varniai;
* in Kroatien: im Pfarr- und Sozialzentrum von Brodsko Vinogorje, Zentrum des kroatischen Bund ohne Namen;
* in Bosnien-Herzegowina: Projekt »Za djaka« für Kriegswaisenkinder;
* in der Ukraine: für ein Jugend- und Bildungszentrum in Brody;
* im Gebiet von Kaliningrad: Transportkosten für Hilfsgüter in eine Gegend, wo teilweise katastrophale Lebensbedingungen herrschen;
* in Rumänien: »Casa Familia«, ein Zufluchtsort für Kinder mit einer Behinderung;
* in Kolumbien: in Bucaramanga in einer Kindertagesstätte;
* in Chile: in Osorno bei Projekten für Kinder- und Jugendliche;

* in Brasilien: Hilfe zur Selbsthilfe durch den »Förderkreis Brasilien«
* in Sri Lanka: ein Waisenhaus für Mädchen, Waisenkinder oder von ihren Familien verstoßen;
* in Syrien: Sozial- und Kinder- und Jugendarbeit der Gemeinde »St. Cyrill« im kriegsgepeinigten Damaskus;
* in Belgien: »Damianhuis«, ein Projekt betreuten Wohnens für ehemalige Strafgefangene, und »Sorghuis« (Limburg), ein Haus für Krebspatienten, die in Behandlung sind oder austherapiert sind, als Gelegenheit, um zur Ruhe zu kommen und den Übergang in den Alltag zu gestalten;
* in Deutschland: in Kassel mehrere Jahre ein Haus zur Resozialisierung von ehemals Strafgefangenen; in Freiburg Unterstützung der »Pflasterstub'«, einer Sozialeinrichtung für Wohnungslose; in Köln Unterstützung der Initiative »Kosmas und Damian« zur medizinischen Betreuung Obdachloser; Unterstützung der Frauen-Sozialarbeit des SKF Amberg; Unterstützung von »Rock Your Life«, einer Initiative von Studierenden zur Unterstützung lernschwacher Hauptschüler
* Am 8. März 2008 wurde durch den Vorstand des deutschen Bund ohne Namen die Phil-Bosmans-Stiftung gegründet. Sie wird treuhänderisch verwaltet durch die »CaritasStiftung Lebenswerk Zukunft« in Stuttgart.

Manchmal wird gefragt: Warum eigentlich diese rätselhafte Bezeichnung »Bund ohne Namen«? Vor der Gründung durch Phil Bosmans in Belgien entstand der allererste Bund ohne Namen in den 1930er-Jahren in den Niederlanden. Man fragte sich: Wie soll diese neue Bewegung, dieser Bund heißen? Was für einen Namen geben wir ihm? Die Idee war: Menschen jenseits der damals starren Grenzen politischer Weltanschauungen oder konfessioneller Bekenntnisse zum gemeinsamen Einsatz für mehr Menschlichkeit zu sammeln: also »ohne« einen bestimmten Namen, der ein politisches oder kirchliches Programm ausgedrückt hätte.

Auch wenn Phil Bosmans den Namen nicht erfunden hatte, sondern für Belgien aus Holland übernahm, wurde er natürlich selbst oft gefragt: Warum trägt der Bund dieses seltsame »ohne Namen« als Bezeichnung? Seine lakonische Antwort war: »Weil er noch nicht getauft ist.« Damit meinte er: Der Bund ohne Namen ist nichts Innerkirchliches, das nur eine bestimmte Gruppe frommer Menschen erreichen möchte. Die »Botschaft des Herzens« will alle Menschen ansprechen und sich vor allem für alle Menschen einsetzen, die »ohne Namen« sind, das heißt, die nichts Besonderes sind, die niemals in der Zeitung stehen, die einfachen Menschen. Phil Bosmans: Die einfachen guten Menschen sind die einzigen Lungen, durch die die Welt noch atmen kann und durch die sie am Leben bleibt. Ihnen gehörte seine ganze Liebe.

Das Wichtigste am Bund ohne Namen sind nicht Drucksachen oder Internetseiten, sondern die Menschen, die sich immer wieder ansprechen lassen, ja die sich begeistern lassen für ein »Leben mit Herz« und die dann ihrerseits andere Menschen ansprechen und vielleicht oder hoffentlich mit ihrer eigenen Begeisterung anstecken. »Begeisterung« ist vielleicht ein missverständliches Wort. Es gibt eine Art von euphorischer Stimmung, von blindem »Abheben« vom Boden der Realitäten, von schwärmerischer Verzückung und Gefühlsduselei – das ist auf keinen Fall gemeint. Dafür gibt es zu viel Schweres im Leben, in jedem Menschenleben. Durch die Tätigkeit als ehrenamtlicher Geschäftsführer für den Bund ohne Namen, durch die Briefe, die ich erhalten habe, durfte ich des Öfteren, wenn auch nur aus der Ferne, einen Blick in schwere Lebenserfahrungen tun. Da stockte mir manchmal der Atem. Und andererseits erfüllte mich größte Hochachtung, wie Menschen angesichts schwerer Erkrankungen und Behinderungen, bitterster Enttäuschungen, schier unvorstellbarer Belastungen dennoch nicht das Vertrauen und den Mut verlieren. Da durfte ich – hoffentlich – immer wieder ein wenig lernen, was es heißt: Die Kraft des Herzens, die Liebe macht es möglich.

Der deutsche Bund ohne Namen ist undenkbar ohne Phil Bosmans, ohne seine Bücher in deutscher Sprache, durch die er ein Millionenpublikum erreicht hat. Aber der entscheidende Motor für die Entstehung und Entwicklung des Bund ohne Namen in Deutschland war die Begeisterung, die seine Person und seine Botschaft auslöste.

Ihm ging es darum, dass der Funke der Hoffnung, der Freude, der Freundschaft, der einsatzbereiten Liebe überspringt und Menschen beseelt. Er wurde schon früh zu Vorträgen auch nach Deutschland eingeladen, nur die wenigsten konnte er in seinem Terminkalender unterbringen. Überall hat er Menschen mit seiner Herzlichkeit, Überzeugungskraft, Ausstrahlung fasziniert. Was er sagte, war ihnen aus dem Herzen gesprochen. Allein schon durch seine Nähe, die so viel Vertrauen und Lebensfreude ausstrahlte, wurden die eigenen Probleme ein Stück leichter und manches quälende Dunkel des Lebens heller. Seine Freundschaft hat Menschen glücklich gemacht.

Was Phil Bosmans besonders am Herzen lag, war das, was er oftmals kurz und bündig die Kultur des Herzens nannte. So sagt er: » Die dringendste Aufgabe, um Menschen glücklicher und die Erde bewohnbarer zu machen, ist die Kultur des Herzens. Kultur heißt den abgestorbenen Geist zum Leben erwecken, den verloren gegangenen Sinn des Lebens wiederfinden, die Wüste in den menschlichen Beziehungen wieder aufblühen lassen. Kultur des Herzens ist eine Kultur, die den Menschen von innen her verändert und neu macht. Kultur der Liebe: der einzige Weg, auf dem Menschen menschlicher werden.«

KONTAKTDATEN DES BUND OHNE NAMEN

Bund ohne Namen e. V.
Postfach 154
79001 Freiburg im Breisgau
Deutschland

Telefon: 0049 761 581125
E-Mail: info@bund-ohne-namen.de
Website: www.bund-ohne-namen.de

AUSGEWÄHLTE BÜCHER VON PHIL BOSMANS

Vergiss die Freude nicht (1976, Neuausgaben 2001, 2007, 2012)

Blumen des Glücks musst du selbst pflanzen
(1978, Neuausgaben 2008, 2014)

Liebe wirkt täglich Wunder (1980, Neuausgabe 2008)

Ja zum Leben (1983, Neuausgabe 2002)

Ich hab' dich gern (1985, Neuausgabe 2003)

Worte zum Menschsein (1986, Neuausgaben 1999, 2007)

Gott nicht zu glauben (1987, Neuausgabe 2006
unter dem Titel »Gott meine Oase«, 2011 unter dem Titel
»Kleines Buch vom guten Gott«)

In dir liegt das Glück (1990, Neuausgabe 2004)

Zum Glück zu zweit (1994, Neuausgabe 2013)

Leben jeden Tag. Jahreslesebuch (1999, Neuausgaben 2008, 2017)

Zusammen mit Ulrich Schütz: Jedes Herz braucht
ein Zuhause (2006)

Zusammen mit Ulrich Schütz: Lichtblicke.
Ein gutes Wort für jeden Tag (2012, Neuausgabe 2015)

Vergiss nicht zu leben. Gespräche zum Menschsein
mit Katarzyna Szymarska-Borginon (2007)

Alle genannten Bücher von Phil Bosmans sind erschienen
im Verlag Herder, Freiburg im Breisgau.

Im Verlag am Eschbach erscheint jedes Jahr neu der
Phil-Bosmans-Kalender »Jeden Tag ein Lächeln«,
herausgegeben von Ulrich Schütz.

ZUM AUTOR

Ulrich Schütz ist der Übersetzer aller Bücher von Phil Bosmans ins Deutsche und einer seiner vertrauten Freunde. Er ist Geschäftsführer des Bund ohne Namen e. V., der die »Botschaft des Herzens« von Phil Bosmans in Wort und Tat verbreitet. Im Internet: www.bund-ohne-namen.de

ZUM FOTOGRAFEN

Roland Höpker ist IT-Berater, Manager und Natur-Fotograf. Seine Philosophie: »Das Besondere einer Landschaft zeigen und das Natur-Erleben fotografisch ausdrücken«. Im Internet: www.rolandhoepker.de

Herausgegeben vom Bund ohne Namen e. V.
www.bund-ohne-namen.de

Abbildungen:
Alle Fotos im Innenteil: © Roland Höpker
Autorenfoto Ulrich Schütz: © Roland Höpker
Foto Phil Bosmans: Bund ohne Namen e. V. Alle Rechte vorbehalten
S. 241: Claude Monet, Water Lilies (1919) © mauritius images / Tomas Abad / Alamy.
S. 244/245: Vincent van Gogh, Garten des Hospitals in Arles (1889).
Fotografie des Gemäldes: wikimedia commons

ISBN 978-3-86917-660-4
© 2018 Verlag am Eschbach,
ein Unternehmen der Verlagsgruppe Patmos
in der Schwabenverlag AG, Ostfildern
Im Alten Rathaus/Hauptstraße 37
D-79427 Eschbach/Markgräflerland
Alle Rechte vorbehalten

www.verlag-am-eschbach.de

Gesamtgestaltung: Angelika Kraut, Verlag am Eschbach
Bild- und Textredaktion: Ulrich Sander
Umschlagmotiv: © Roland Höpker
Schriftvorlagen: Ulli Wunsch, Wehr
Druck: Finidr s. r. o., Český Těšín
Printed in the Czech Republic